T0169767

PENSER L'HISTOIRE DU PRÉSENT

AVEC HEGEL

BIBLIOTHÈQUE D'HISTOIRE DE LA PHILOSOPHIE
Fondateur Henri GOUHIER   Directeur Emmanuel CATTIN

Bernard BOURGEOIS

PENSER L'HISTOIRE DU PRÉSENT
AVEC HEGEL

PARIS
LIBRAIRIE PHILOSOPHIQUE J. VRIN
6 place de la Sorbonne, V e
2017

© *Librairie Philosophique J. VRIN*, 2017
ISSN 0249-7980
ISBN 978-2-7116-2755-4
www.vrin.fr

AVANT-PROPOS

L'histoire universelle, telle que Hegel en avait fixé le sens conceptuel, idéel, pour lui définitif (comme réalisation nécessaire des conditions de la liberté objective dans l'État rationnel socialement libéral-solidaire et politiquement autoritaire-constitutionnel) a semblé être réfutée par l'histoire post-hégélienne réelle elle-même.

D'abord en tant que celle-ci, à travers l'entreprise marxiste notamment, niait principiellement et factuellement l'idéalité de la forme et du contenu de la philosophie hégélienne de l'histoire. Puis, après l'auto-destruction des régimes communistes, à travers la substitution, à la raison totalisante fixant et figeant les « grands récits » de Hegel et de Marx, des liaisons interactives donnant un sens contingent aux relations entre les hommes. La disparition théorique et pratique des grandes « causes » historiques asservissant la liberté à des prétendues conditions nécessaires d'elle-même la rendit ainsi à elle-même dans son exercice au sein d'un temps aux instants plus innovants. Et la dénégation du hégélianisme se confirma à la même époque par le surgissement quasi simultané, dans l'histoire fermée par Hegel, d'une part, d'un nouvel acteur, non historique : la nature, et, d'autre part, d'une action anti-historique de (certains de) ses acteurs humains : le terrorisme rejetant la distinction du politique et du religieux laborieusement opérée par l'histoire universelle. La fin hégélienne de l'histoire parut bien plutôt être seulement la fin de l'histoire hégélienne.

En vérité, il faut le répéter, Hegel entend par fin de l'histoire l'achèvement de celle-ci en tant que prise de conscience par l'humanité des conditions objectives de sa libération, leur réalisation générale mobilisant la longue histoire empirique à venir. Cette conception de la fin proclamée de l'histoire laisse place en elle, non seulement au retour des vicissitudes proprement naturelles assoupies dans son long jour, mais à la rechute, à travers la détente de l'effort libérateur universel, dans tel épisode violent surmonté de celui-ci. La vague actuelle du terrorisme islamique n'ébranle donc pas la puissance compréhensive du concept hégélien, comme j'essaierai de le montrer.

Encore faut-il ne pas enfermer le contenu de ce concept dans l'objectivation systématique qu'en a exposée Hegel, mais l'actualiser – ce qui ne signifie aucunement contredire ou dépasser le génie hégélien lui-même ! – dans l'effort risqué, mais stimulant, pour penser hégéliennement un présent si apparemment anti-hégélien. Bien loin que la réalité présente et sa pensée immédiate renvoient au passé le concept hégélien, celui-ci, inexploité en ses virtualités concrétisables, reste un avenir pour celles-là. La pensée post-hégélienne, en la luxuriante variété de ses formes, n'est, en vérité, qu'une retombée de la totalisation conceptuelle maîtrisant le réel dans la facilité paresseuse de visions partielles et partiales abstraites de ce réel. Il faut toujours revenir ou, mieux : venir enfin, à Hegel, pour tenter, avec lui, de penser ce qui est.

PENSER AVEC HEGEL
L'HISTOIRE PRÉSENTE

L'idée courante est que le présent pense mieux le passé que celui-ci ne s'est pensé lui-même, et elle s'applique même lorsque ce qui est pensé, c'est la pensée elle-même, c'est-à-dire dans le cas de la philosophie. On va jusqu'à évoquer un texte de la *Critique de la raison pure* où Kant déclare qu'on peut mieux comprendre un philosophe antérieur que celui-ci ne s'est compris lui-même. Mais l'on omet alors, il est vrai, la condition par laquelle il limite une telle possibilité, à savoir que celle-ci n'existe que pour autant que le philosophe en question n'a pas suffisamment déterminé sa pensée. S'il a déterminé ou limité sa pensée de ce qui est, s'il a saisi l'être qui lui est présent en sa limite, en sa négativité, et par là anticipé l'avenir de son monde comme la négation de ce négatif, puis esquissé le sens positif, qui apparaîtra, d'un tel négatif du négatif présent, alors le philosophe passé aura compris cet avenir devenu présent mieux que celui-ci, enfoui en soi-même, ne le peut. C'est une telle anticipation rationnelle – qui n'a rien à voir avec une imagination prophétique – que Hegel a élaborée du monde actuel. Son approfondissement rationnel ou conceptuel du monde historique lui a permis de penser sa teneur actuelle en ce qu'elle a, pour elle-même, de plus inattendu.

*

La récente actualité historico-politique française me semble sidérante. L'année 2015 a présenté deux temps forts, survenus le 7 janvier et le 13 novembre, le second confirmant et accentuant le premier. Ils ont montré le passage soudain et massif, et à la tête de l'État et dans la majorité du peuple, de la vogue du social vivifié en sociétal à l'adhésion exaltée à un national regardé, voire dénoncé, depuis des décennies, comme quelque chose de passé, figé ou mortifère, dont la simple affirmation était déjà le nationalisme honni. Passage révolutionnaire de la différenciation sociale intensifiée en diversité sociétale à l'égalisation politique réifiée en identité nationale. Politiquement parlant : d'une posture de gauche à une posture de droite ; philosophiquement ou métaphysiquement parlant : de la célébration de la catégorie d'interaction, débouchant sur la participation, à celle de la catégorie de totalité, se concrétisant dans l'institution. On eut bien affaire, objectivement, au passage d'un opposé à l'autre.

Et, qui plus est, à l'opposition, alors redoublée, à cette opposition objective, de sa dénégation subjective. Car les acteurs d'un tel passage ne le vécurent pas comme tel, ne s'en surprirent même pas, surprenant et irritant ceux qui, dans la population, refusaient de l'accomplir. Étonnante révolution nationale, qui ne fait pas s'interroger ceux qui l'assument, soit sur la versatilité si l'on n'était pas ce que l'on est devenu, soit sur l'aveuglement, si on l'était déjà sans le savoir, qui discréditent, il est vrai, ses auteurs comme des acteurs simplement prétendus de l'histoire. Celle-ci, assurément, surprend toujours, même ses acteurs les plus lucides et les plus résolus. Mais ici, elle semble avoir totalement fait ceux qui ne l'ont pas faite, et qui n'ont pu que réagir à elle. Or la réaction à laquelle condamne l'inaction originelle ne peut-être une véritable action susceptible de faire proprement histoire. Ainsi, la mesure d'esprit « national » envisagée après le 13 novembre – la constitutionnalisation de la déchéance de nationalité pour les binationaux – a divisé aussitôt l'agent national, de la sorte bien problématiquement réactualisé en France, d'une histoire digne de ce nom.

Des véritables acteurs de l'histoire la maîtrisent (relativement, mais c'est déjà beaucoup) en intériorisant (dans cette même mesure relative, mais réelle) en leur Soi volontaire le tout historique se développant en sa nécessité, laquelle s'accomplit alors en la liberté s'actualisant dans le moment humain de ce tout. C'est bien en affirmant la liberté que les grands individus ou héros historiques, qui ont l'intuition géniale de ses exigences circonstanciées, et les peuples, qui mobilisent son énergie irrésistible ressentie en eux, font l'histoire. Certes, le tout en soi excédant le moment de son-être-pour-soi humain fait faire aux hommes, en sa ruse surpuissante, aussi autre chose que ce qu'ils voulaient consciemment faire. Ils doivent y consentir, et ils le peuvent, découvrant après coup que la logique de leur action objective dépassait en sa vérité le projet encore subjectif d'elle-même. C'est ainsi en tant qu'ils se font en ce qu'ils sont fondamentalement, originairement, et qui est leur relation d'identité à soi constitutive de leur liberté, que les hommes font, autant que faire se peut, leur histoire. Telle est la conception hégélienne de l'histoire humaine.

Il en va bien différemment lorsque l'homme loge son être vrai, non pas dans sa relation d'identité à soi faisant de lui un être formellement auto-subsistant ou libre – quel que soit le contenu d'ouverture à l'autre qu'il puisse, et doive, se donner –, mais dans une relation d'identité à l'autre, qui, puisque celui-ci vaut aussi comme autre, ne peut être qu'une relation d'égalité. L'histoire a eu beau confirmer, deux siècles après 1789, que la Révolution française avait eu raison de proclamer dans la devise républicaine la préséance de la liberté sur l'égalité, on a tiré de la chute des régimes socialistes la simple leçon qu'il fallait affirmer la liberté en même temps que l'égalité, et l'actuel chef de l'État a, pendant la dernière campagne présidentielle française, proclamé que, dans leur doublet, la valeur suprême était l'égalité! Certes, le destin sociétaliste du socialisme revalorise les individus, dans le triomphe de la catégorie d'interaction. Mais la liberté, qui consiste à être chez soi là où l'on vit, requiert que ce lieu soit lui-même un Soi, l'identité (à soi) de la différence, c'est à dire une totalité – comme telle auto-subsistante –, et non pas seulement la différence présupposée comme s'identifiant faussement dans l'interaction sociétale. Or la totalité dans laquelle l'individu assure sa liberté en étant membre de celle-là, c'est, aujourd'hui encore, l'État-nation. C'est cet État-nation que les événements tragiques de janvier et novembre 2015, qu'il a subis, ont fait redécouvrir au peuple français, l'incitant à y participer comme à ce en quoi et par quoi il pouvait faire l'histoire qui le faisait.

Le récent événement vraiment historique fut bien seulement celui du retour des hommes dans une histoire dont ils s'étaient fait exclure comme ses sujets en la pensant illusoirement dans l'idéologie anti-hégélienne, et qui se révélait à nouveau à eux comme se faisant en étant faite par eux, telle que l'avait pensée Hegel en sa philosophie de l'histoire. Bien loin, donc, que l'histoire effective des hommes ait vérifié l'idée post- et anti-hégélienne, socialiste puis sociétaliste, qu'ils s'en faisaient, elle vient de vérifier, une fois de plus, la philosophie hégélienne de l'histoire du monde.

Je parle de cette philosophie telle qu'en elle-même, suffisamment manifeste en sa lettre, et non pas dans certaines reprises, en vérité anti-hégéliennes, qu'en ont proposées, par exemple Kojève, puis Fukuyama. Pour le premier, l'histoire s'accomplit dans la réalisation socio-économique, au fond soviétique (même sous apparence capitaliste) de l'État socialement homogène issu de la Révolution française et politiquement universel inauguré par Napoléon, qu'a théorisé Hegel. La chute des régimes socialistes a réfuté pratiquement un tel déplacement théorique de la pensée hégélienne. Quant à Fukuyama, il se recommande étrangement, à travers Kojève, de Hegel, pour faire s'achever l'histoire dans l'universalisation de la démocratie libérale, simplement perturbée par l'intervention négative de la passion nationale. L'histoire plus récente a démenti tout autant une telle perversion du hégélianisme, lequel confère bien plutôt un rôle positif à la nation comme ancrage dynamique de l'État accomplissant le développement de l'histoire universelle.

Je ne veux pas m'étendre ici sur ce double et retentissant exemple négatif du destin en général malheureux de la réactualisation se voulant innovante, en style « néo- » ou en style « reprise », d'une grande pensée, dont on peut et doit tenir, ainsi que Gueroult le rappelait, qu'elle aurait été seule capable de se penser mieux qu'elle ne l'a fait. Je serai donc d'emblée, une fois de plus, un paléo-hégélien pour, dans une paraphrase explicitante et intensifiante de Hegel, souligner à quel point l'histoire présente confirme les thèses essentielles à travers lesquelles il a compris son passé, qui, pour lui, l'avait déjà mise en possession de son sens vrai. C'est encore Hegel qui, à mes yeux, nous offre la meilleure clef pour pénétrer dans le sens de l'époque actuelle. Je tenterai de le montrer en deux temps. – Dans un premier moment, en établissant que la structuration dynamique de notre vie socio-politique est celle que Hegel avait dite – alors qu'elle était en partie encore à venir – définitive dans l'histoire. Puis, dans un second moment, en découvrant dans le sens de la raison historique conçue par lui, les moyens de maîtriser un contexte problématique nouveau, non thématisé chez lui, du monde le plus actuel. Notre monde, d'abord pensé, ensuite pensable, par Hegel.

*

Il faut d'abord rappeler que, pour Hegel, l'objet de la philosophie de l'histoire n'est pas l'histoire elle-même en sa richesse factuelle ou empirique singulière, qui n'est connue qu'en ayant été expérimentée ou vécue, puis rapportée comme telle. Ce qui fait que le philosophe, pas plus que quiconque, ne peut prévoir et prophétiser l'histoire future. Mais, déjà, le philosophe, en tant que tel, n'est pas historien. Son objet, c'est le *sens* de l'histoire. Ce sens, qui est, comme tout sens, l'identification d'une différence ou diversité, c'est-à-dire une totalisation, n'est plénier que si celle-ci s'est achevée en un tout, en tant que tel, fini. Le sens de l'histoire se lit donc dans le tout achevé de celle-ci, qui ne se révolutionne plus parce que l'homme est satisfait, pour l'essentiel, dans son monde, parce qu'il s'y trouve chez soi, ou, pour le dire autrement, y est *libre* (pour Hegel, être chez soi là où l'on est, c'est en effet être libre). Alors l'histoire a atteint son sens : l'humanité y sait, ou y peut savoir, la structuration de la coexistence des hommes qui rend ceux-ci libres. L'important, c'est cette découverte – qui a été longue et laborieuse – des conditions socio-politiques de la vie libre. Certes, la réalisation universelle de ces conditions est une tâche elle-même encore fort longue, ponctuée de conflits et de drames qui rempliront les livres d'histoire à venir. Mais, quant à son sens essentiel, l'histoire ne sera plus révolutionnée, et la tâche de la philosophie de l'histoire est achevée.

La philosophie hégélienne de l'histoire limite ainsi son objectif et sa compétence. Mais elle libère la politique de toute confiscation idéologique mortifère pour la réalisation mondaine de la liberté. Elle met salutairement en garde contre toute entreprise historique qui ferait s'égarer l'humanité dans la voie auto-destructrice de la négation de la liberté comme essence de l'homme et, par là, comme valeur supérieure à toutes les autres et, d'abord, à l'égalité ou à la fraternité ; ainsi que ce fut le cas lorsqu'elle tenta de se construire socio-politiquement suivant la négation marxiste du legs hégélien. Cette tentative s'obstina despotiquement durant soixante-dix-ans, mais son échec confirma la vérité, rendue par là vraiment telle, de la pensée qu'elle avait voulu nier.

Pour Hegel, l'histoire est en sa plénitude originaire dans la coexistence réelle objective des hommes déterminés – suivant leur effectivité (qui est d'abord efficience) croissante – juridiquement, socialement et politiquement; toute autre histoire – culturelle, spirituelle – n'est historique que par son lien avec la première. Chaque couche de cette histoire est nécessaire, en sa vérité, pour elle-même, en tant que condition de la réalisation de la liberté, et elle ne doit, et, d'abord, ne peut, être déterminée que par elle-même, même si elle n'a – suivant la dialectique fixant l'être – elle-même un être absolument assuré dans l'homme que porté par l'être de la couche plus profonde qu'elle ne peut ni ne doit, tout autant, inversement, pas vouloir déterminer. Hegel justifie donc une détermination socio-politique, purement immanente, de l'histoire, distincte de la détermination plus profonde, transhistorique pour elle-même, de l'existence, qu'est la religion. C'est dans cette perspective d'un rationalisme en quelque sorte « laïque » avant la lettre qu'il fixe la structuration socio-politique historiquement définitive, en son sens universel, de la vie des communautés humaines. Mais il sait et dit bien que, si politique et religion n'ont leur être véritable qu'en leur détermination vraie propre à chacune, leur lien dialectique dans l'homme un en lui-même fait que la politique vraie n'est compatible qu'avec la religion vraie – et inversement –, et que, donc, sa fin n'est réellement possible que quand et là où la religion s'est elle-même accomplie.

Quant au contenu de la fin de l'histoire juridico-socio-politique, je le résume rapidement. Hegel l'expose en sa vérité sous le titre général de l'« esprit objectif » ou, significativement, du « droit ». Sa base abstraite est précisément celle du droit *stricto sensu*, c'est-à-dire de l'ensemble des conditions légales de la liberté des personnes, dont l'exercice réel s'ancre dans le droit de propriété. La consécration de celui-ci et, par conséquent, de la liberté, s'opère, dans la vie sociale, économico-culturelle, telle qu'elle se déploie à travers la « société civile » moderne ; son premier principe est le principe *libéral* de l'initiative privée, qui doit être tempéré, dans les aspects négatifs du marché, par le principe, seulement second, de la *solidarité*. Celui-ci est mis en œuvre essentiellement par l'*État*, dont l'autorité supra-sociale veille, notamment par cette intervention, à la sécurité générale des personnes et au développement pacifié de la vie économique, qu'il favorise d'abord libéralement en son dynamisme mondialisant, source de puissance pour lui. Mais, si l'État profite de l'énergie à la fois individualisante et universalisante de la vie sociale, il puise originairement sa force dans l'attachement à lui de ses citoyens, tous égaux comme tels en lui, et que l'histoire a fait, en dépit de leurs différences et de leurs différends, s'unir en une communauté désormais native pour chacun : la « nation ». Il en organise administrativement la force, alors elle-même renforcée, dans un système politique rationnel de pouvoirs : l'unité de l'Un qui est le chef de l'État, et de la multitude des citoyens participant à sa vie, l'identité de l'identité et de la différence étatique qui fait de l'État une *totalité*, accomplit ainsi sa vérité rationnelle. Un tel État-nation socialement libéral et politiquement fort s'affirmant tel comme une totalité *particulière* dans le jeu international alterné de la guerre et de la paix, c'est pour Hegel la réalité objective définitive de la coexistence humaine.

Il est assurément bien risqué d'envelopper dans un bref jugement le sens d'un monde aussi complexe que l'est le nôtre. Mais il me semble que, quant à l'essentiel de sa structuration socio-politique, il est encore, il est toujours, conforme au modèle hégélien. Et ce, en dépit de la concrétisation inouïe qu'y a introduite le prodigieux progrès techno-scientifique ; ainsi que des déterminations nouvelles qu'y revêtent les principes de la philosophie hégélienne du droit. Par exemple, et pour m'en tenir à l'*État* proprement dit, l'articulation rationnelle, en lui, de l'autorité une et de la participation universelle, est réalisée, chez Hegel, par la monarchie constitutionnelle, seulement en soi démocratique – qui plus est héréditaire – alors que l'État le plus avancé et le plus répandu de notre époque est, inversement, une démocratie autoritaire ou présidentielle se constituant par élection. Ce qui n'empêchait toutefois nullement Maurice Schumann et Edgar Faure de me confier autrefois combien l'État gaullien leur paraissait hégélien! Et, pour évoquer d'un mot la politique *sociale* des États pionniers de notre temps, elle vérifie bien l'exigence hégélienne d'un État politiquement fort mais socialement libéral, qui modère par la solidarité organisée la libre initiative assurée. Je terminerai cette cavalière évocation du monde présent ainsi, la plupart du temps sans le savoir ou malgré lui, hégélianisant, en disant que la *vie internationale* est toujours portée, dans la paix comme dans la guerre, par les États-nations en tant que totalités ultimes dans une mondialisation dont la vérité est beaucoup plus socio-économique que réellement politique.

Ne suis-je pourtant pas trop expéditif sur ce dernier point? Où l'on m'objectera facilement que l'humanité s'est manifestement engagée dans une entreprise multiforme de révolutionner, à l'échelle continentale et à l'échelle mondiale, la configuration basale des relations entre les entités politiques que Hegel disait définitivement fixées à elles-mêmes. Or la prise en compte de cette objection et la réponse à lui donner me permettront bien plutôt de souligner la confirmation que l'histoire contemporaine apporte à la pensée hégélienne, par un aspect d'elle-même qui concerne, non plus seulement la structure socio-politique du monde, mais la genèse ou le mode de fixation même de cette structure.

Le thème hégélien que j'introduis ici illustre la victoire historique de Hegel sur Marx. L'un et l'autre reconnaissent que l'histoire bégaie. Cependant, ils s'opposent, une fois de plus, sur le sens de ce bégaiement. Si l'histoire se répète, c'est, pour Marx, afin de faire se réfuter ce qui se répète par ce qui n'en est qu'une caricature : le second Empire fut bien en France une « farce » disqualifiant le premier (Napoléon le petit, destin comique du grand !). Pour Hegel, il en va tout autrement. La répétition de ce qui a été posé historiquement nie sa première négation et se justifie comme vraie répétition qui confirme, à travers l'épreuve de sa négation, la position première. En étant re-posé après avoir été nié, le posé est avéré : c'est toujours la seconde fois qui est la bonne ! C'est bien ainsi, à ce qu'il me semble, que l'histoire post-hégélienne a confirmé son hégélianité. Reparcourons le développement historique de la rationalité hégélienne du monde socio-politique, comme advenir de sa confirmation actuelle.

L'histoire, après avoir semblé hésiter soixante dix ans, entre le modèle hégélien et le modèle marxien-marxiste, a tranché par sa disqualification réelle du second, et depuis 1989 l'État national socio-économiquement libéral et politiquement fort s'est répandu et se répand progressivement – en dépit de retards et de rechutes – dans le monde. La négation communiste du modèle socio-politique hégélien, en se niant elle-même, a avéré la position de ce modèle. Ce fut un acquis capital de notre époque. Mais on pensa alors pouvoir fonder le système socio-politique que l'histoire avait confirmé sur un autre socle que la totalité nationale affirmée aussi par Hegel. À savoir sur un social plus vrai que celui sur lequel s'étaient opposés le socialisme et le libéralisme, plus originaire que lui, et tel en son originarité qu'il pouvait refonder et le social et le politique comme des totalisations ouvertes – et non plus fermées par le particularisme national – de la coexistence des hommes. Ce social originaire, vivant et vivifiant, serait le *sociétal*. Le sociétalisme déferlant des dernières décennies a fait de l'interaction spontanée des individus s'affirmant chacun en s'affirmant les uns les autres la source ranimant les structures sociales et politiques autrement mortifères. C'est la dynamique *interactive* qui porte les *totalisations* mouvantes de la société et de l'État en les empêchant de se figer en des totalités notamment nationales. C'est dans l'intersubjectivité dialoguante que les individus sociaux se faisant citoyens s'accordent et s'attachent les uns aux autres dans un patriotisme seulement constitué ou constitutionnel, et non pas d'abord natif ou national. L'École de Francfort, avec Habermas et Honneth, a illustré cette sociétalisation anti-hégélienne de l'État post-hégélien. On a voulu fonder le politique sur le public, idéalisation sociétale du social.

Une telle mise en question polymorphe de l'institution socio-politique anticipée par Hegel comme définitive est cependant *plus idéologique que réelle*. Elle-même, d'ailleurs, attend de ce qu'elle dit périmé l'institution de la participation interactive citoyenne qui dénie toute valeur à l'institution. Car l'agir, l'interagir, sociétal se disant citoyen ne peut effectivement se déployer – tel un luxe récréatif – que dans le cadre institutionnel pacifiant et sécurisant porté et assuré par le citoyen – substantiel et non pas simple attribut ou qualifiant – qui, bien plutôt, inversant le rapport sociétaliste, peut se qualifier aussi comme social et sociétal. La démocratie participative peut certes compléter la démocratie institutionnelle (représentative), mais non la remplacer. Elle ne saurait *a fortiori*, par son exercice dialogal dans un espace *public*, créer entre les citoyens l'unité substantielle cimentant comme sa base durable quasi naturelle l'ordre *politique*. Celui-ci ne forme une totalité comme telle auto-subsistante, capable d'affronter les tempêtes inévitables de l'histoire, qu'en tant qu'il repose sur la *nation*. Cette nation dont, comme je l'évoquais pour commencer, les Français ont redécouvert – malgré le silence ou le mépris dans lesquels la culture ambiante l'ensevelissait – la réalité puissante et, au plus loin de tout nationalisme, salvifique.

Mais par là l'objection anti-nationale que semblait pouvoir constituer l'histoire actuelle du mouvement supra-national, continental et mondial, n'aurait pas été réfutée. Pourquoi les nations jusqu'à maintenant existantes, particulières – et, selon

Hegel, à jamais telles – ne se nieraient-elles pas pour former une seule, générale ou universelle, nation, base d'une Europe politique ou d'un État mondial? Leur union économique européenne ou mondiale ne rend-elle pas nécessaire et, donc, n'anticipe-t-elle pas leur réunion nationale-politique, c'est-à-dire le dépérissement des États-nations existants? Mais la réalité présente de la construction européenne et de l'organisation des nations dites unies infirme bien plutôt la thèse de la détermination socio-économique (donc financière) du politique. Les crises de la vie nationale et internationale montrent la résistance des nations existantes, notamment européennes, dont l'union reste dépendante de la souveraineté de chacune. Leur collaboration la plus étroite, dont la nécessité exclut tout nationalisme, ne signifie aucunement la constitution d'une nouvelle nation englobante, européenne ou mondiale, sans doute pas plus souhaitable que réellement possible, comme Hegel, après Kant, l'avait justement pensé. Notre monde, en sa structuration socio-politique, reste donc bien, pour l'essentiel, un monde hégélien.

Cependant, une telle structuration n'est que la *forme* de l'activité historique des peuples. Or, quant au *contenu* de cette activité, il semble aujourd'hui assez profondément renouvelé par rapport à ce qu'il était il y a quelques décennies. Et à tel point que des objectifs essentiels, notamment dans la vie internationale, peuvent paraître entraîner, pour être atteints, une transformation non moins essentielle du cadre socio-politique qui, pris pour lui-même, vient d'être dit pérenne. Le monde présent peut-il vraiment, à travers les problèmes nouveaux qui mobilisent la vie socio-politique, être encore *pensable* par la raison hégélienne!

*

Des problèmes majeurs sollicitent de nos jours la réflexion, la discussion et l'action des États, problèmes qui n'existaient pas dans le monde hégélien (pro-hégélien ou anti-hégélien) antérieur, et qui font s'interroger sur la capacité des États actuels à les maîtriser et résoudre. C'est-à-dire sur la nécessité qui pourrait s'imposer à eux d'assumer une activité qui ne serait plus seulement socio-politique dans son contenu, ou qui exigerait catégoriquement de dépasser radicalement la forme nationale de leur intervention. Je vais évoquer deux de ces problèmes qui concernent les rapports des hommes entre eux, et, en tant que rapports objectifs réels, des hommes comme agents socio-politiques, mais en tant que ces rapports sont perturbés par les rapports plus primaires des hommes à l'Autre de l'histoire proprement dite, c'est-à-dire à la *nature* et à la *surnature*, en tant qu'ils sont médiatisés par l'idéalité de la surnature ou par la réalité de la nature, la première présente en eux comme religion, la seconde comme vie cosmo-tellurique et biologique. Dits plus concrètement, ces problèmes s'actualisent, le premier comme celui du terrorisme islamiste, le second, comme celui, d'une part, de l'écologie planétaire, d'autre part, du transhumanisme.

Notre temps est marqué par le terrorisme supra-national islamiste. « Supra-national », plutôt que « international », en raison même du contenu supra-national de l'impératif religieux allégué par lui pour déployer dans toutes les nations son activité négative forgeant en elles l'unique communauté (*umma*) de l'unique Dieu.

Hegel n'a pas ignoré ce terrorisme puisqu'il l'a caractérisé comme l'expression même du fanatisme, lequel consiste lui-même dans la confusion de la religion et de la politique, et qu'il en a situé histo-riquement, dans un rapprochement significatif, les deux formes : le fanatisme musulman de la religion se faisant politique et le fanatisme robespierriste de la politique se faisant religion. Situation historique elle-même très significative, car elle encadre l'ulti-me période de l'histoire universelle, celle de son accomplissement moderne qui réconcilie l'Un et les multiples, l'identité et les différences, qui les identifie en la totalité, aussi bien, d'abord, la totalité religieuse du Dieu chrétien trinitaire et incarné, que, ensuite, la totalité politique de l'État national. Elle l'encadre comme le *premier* assaut, abstrait, idéel, religieux, de l'*Un abstrait* extérieur aux multiples et leur faisant donc violence, les terrorisant, contre le principe du *tout* déjà religieusement apparu, l'assaut islamique, et comme l'*ultime* assaut, concrétisé,

réel, politique, de cet Un, la République dissolvant
toutes les médiations entre elle et les citoyens alors
terrorisés, avant sa négation par l'État organisé
rationnellement. L'État, élément ou milieu d'existence de l'histoire, étant lui-même, comme réel,
concret, est nié radicalement par l'abstraction,
et, à travers lui, l'historicité elle-même. Les deux
insurrections terroristes qui ont marqué la modernité historique – celle de l'accomplissement de
la réconciliation ou totalisation rationnelle de la
coexistence des hommes – sont ainsi présentées par
la Philosophie de l'histoire hégélienne comme les
deux tentatives de la nier radicalement, l'une peu
après son début, l'autre immédiatement avant sa fin.

Hegel n'a certes pu prévoir que la « Révolution
de l'Orient » reviendrait secouer le monde parvenu,
après la secousse ultime de l'histoire universelle
constituée par la « Révolution de l'Occident »
(1789), à se stabiliser dans la structuration socio-
politique rationnelle de la fin de l'histoire. Mais
ce retour n'est pas un démenti de sa pensée, parce
que sa caractérisation, par rapport à l'histoire, de
la révolution islamique, rend tout à fait possible sa
réitération, et cela précisément dans l'époque même
de la fin de l'histoire. Voici comment.

L'islam est dans l'histoire le surgissement
en sa forme, non historique, d'un contenu qui
est lui-même la négation de l'histoire et de son
élément ou milieu essentiel, à savoir du politique
comme totalité déterminée – ou rationalité réelle –

de la coexistence objective des hommes. La notion d'État islamique est une notion absolument contradictoire. Car elle affirme comme étant la totalité concrète ou rationnelle qu'est en soi, donc toujours, plus ou moins, l'État, l'identité religieuse musulmane abstraite qui unit l'identité indifférenciée, c'est-à-dire universelle des hommes, immédiatement ou identiquement, donc sous l'identité elle aussi indifférenciée d'Allah. L'État islamique veut entrer, en y faisant grand bruit, dans l'histoire, qui, en sa réalité vraie, est faite par les États, mais il ne le peut, car il est la négation radicale, tout en un, de l'État et de l'histoire. Aux yeux de Hegel, l'islam n'a donc pu contribuer en quoi que ce soit au développement de l'histoire en son sens universel. Non historique en son essence, il n'a pas non plus pu l'être en son existence : il y a surgi sans être appelé positivement par son processus, et il en est sorti sans y être davantage poussé par un processus. Si l'on entend par événement la concrétion singulière d'un processus sensé (telle fut « la Révolution de l'Occident » en son caractère processuel niant en le dépassant ce qui fut son épisode terroriste), l'existence de l'islam fut ponctuée par de simples « *coups* » ne pouvant faire « *événement* » dans l'histoire proprement et strictement entendue comme le processus rationnel de la libération positive de l'humanité.

L'an-historicité de l'islam fait qu'il n'a pas empêché la poursuite de l'histoire, mais aussi et tout autant que son retour – que Hegel n'avait pas à prophétiser, mais que la théorie hégélienne rendait possible en le disant non conditionné historiquement – ne peut faire repartir une histoire parvenue à sa fin comme histoire de son sens universel. Bien plus, la fin de l'histoire se confirme elle-même à travers un tel retour : car la cause islamique, qui nie l'historicité véritable, a profité de la place laissée vide par la disparition des grandes causes animant l'histoire encore seulement en marche vers sa fin, comme l'avait été, avant son échec, la cause communiste. Le temps du terrorisme anti-historique est bien celui de la fin du temps proprement historique.

Si l'analyse hégélienne nous aide ainsi à penser ce phénomène marquant de l'actualité, elle nous arme aussi mieux pour l'affronter avec le discernement et la résolution nécessaires. L'État islamiste, négation radicale de l'État en sa réalité rationnelle, peut et doit être nié tout aussi radicalement par celui-ci, de même que les États complices qui lui donnent la force qu'il ne possède pas véritablement par lui seul. L'État assumant sa réalité rationnelle n'a, certes, pas à combattre une religion en tant que telle, en reniant alors sa « laïcité » essentielle. Mais il peut et doit exiger lui-même, en tant que tel, s'il doit être – et il doit être comme condition de réalisation de la valeur humaine suprême qu'est la liberté –, de toute religion, qu'elle se réfléchisse assez en elle-même, qu'elle s'*éclaire* assez sur elle-même comme accueil *humain* du message divin pour ne pas imputer à celui-ci le commandement terroriste de la négation de la liberté essentielle aux hommes. L'État de la fin de l'histoire a, en soi, puissance sur toute contestation terroriste de celle-ci. – Comme, d'ailleurs, si une telle puissance humaine existe, c'est lui qui la détient face à une révolution de la condition naturelle de l'historicité humaine.

La fin de l'histoire universelle des relations objectives des hommes entre eux coïncide significativement avec l'insertion négative – ressentie comme préoccupante, voire menaçante –, dans cette histoire essentiellement humaine, d'un acteur considérable, incommensurable, dont la soumission silencieuse, autrefois, aux origines, avait permis à une telle histoire de se développer. Cet acteur, c'est la nature. Comme Rousseau le rappelle, l'histoire propre de la nature a été celle de ses grandes *catastrophes*, les plus terribles de toutes : c'est leur pause qui a fait place au temps apaisé, comparativement, des simples *crises* ponctuant l'histoire devenue humaine. La nature n'a plus fait que *conditionner*, sans la *déterminer*, cette histoire qui fut aussi celle de son exploitation intensifiée par le progrès techno-scientifique. Or, peut-être – ce qu'il serait plus confortable de penser, et qui n'est malheureusement pas absolument certain – en raison d'une surexploitation humaine imprudente, le géant naturel trop excité semble se réveiller et menacer de ne plus seulement conditionner positivement, mais de déterminer négativement l'avenir terrestre de l'humanité. Hegel, évoquant parfois la possibilité d'un tel réveil, citait la parole biblique suivant laquelle les Cieux et la Terre passeraient.

Le premier aspect du retour du devenir de la nature dans l'histoire humaine, après la clôture de son sens universel, est constitué par l'épuisement des ressources géologiques raisonnablement exploitables et la dégradation climatique de la biosphère, qui peuvent à terme rendre invivable le milieu naturel, justifiant ainsi le sursaut écologique contemporain. Même si, hypothèse infiniment plus grave, la menace naturelle nouvelle n'est pas liée au comportement humain, les communautés politiques doivent agir comme si les hommes en étaient responsables et par conséquent assumer leur sauvegarde face à la menace en question. – Le deuxième aspect d'une détermination naturelle négative de la vie de l'humanité engage, lui, nécessairement, la responsabilité de celle-ci. Car c'est ici l'intervention de l'homme sur la nature, non plus extérieure, cosmo-tellurique ou écologique, mais intérieure à lui, biologique, qui peut rendre la vie humaine invivable en tant qu'humaine. S'il y a – comme je le crois – une *mesure* de l'homme, existentiellement ou physiquement – quel qu'il soit essentiellement ou métaphysiquement – esprit et corps un, le projet grandissant d'un trans-humanisme avide de le sur-humaniser peut tout simplement, réalisé, le perdre comme proprement humain. Face à ce danger menaçant, lui aussi, universellement l'homme, la responsabilité de l'existence objective des hommes, celle incombant aux États, n'exige-t-elle par une mutation de ces derniers ?

Ces deux problèmes posés par l'intervention décisive pouvant être fatale de la nature dans l'histoire des hommes concernent, par ses effets, tout l'homme, et, par son origine, tout homme, tous les hommes. Tout l'homme, et pas seulement en sa dimension de citoyen ou de politique : leur traitement peut donc mobiliser d'autres instances que les instances proprement politiques ou gouvernementales ; mais la nécessaire coordination de toutes ces instances et celle des mesures, globales, à prendre, requiert leur prise en mains par l'instance objective totale qu'est l'État. Tous les hommes : tous les États sont donc requis d'intervenir pour assumer la maîtrise universelle d'une problématique universelle. Les États, tout en gérant leur tâche politique traditionnelle, doivent, dans l'époque de la fin de l'histoire politique universelle (qui ne signifie aucunement, je le répète, la fin des vicissitudes politiques, pacifiques ou guerrières, entre eux), s'adonner à cette tâche, en son contenu, non proprement politique, mais qui conditionne la poursuite de toutes les tâches humaines. – Un dernier problème se pose pourtant. Ne faut-il pas que, face à la gravité universelle de la tâche post-politique des États, ceux-ci soient contraints, pour réussir, de se constituer en un État universel ou mondial, et de démentir ainsi la thèse hégélienne de l'achèvement de l'histoire universelle à travers les États-nations ?

L'argument souvent avancé pour justifier la construction d'un État mondial (ou déjà continental, précisément européen) est que la gestion d'une tâche ou d'une activité universelle ou mondiale par son contenu (ou déjà, par exemple, européenne, tel le marché unique), doit elle-même être une gestion universelle ou mondiale, donc opérée par un État mondial (ou, au niveau continental, par une réelle Union européenne). Mais, dans l'impossibilité absolue d'une telle unité politique immédiatement instituable pour une action à engager dès maintenant, les États-nations peuvent et doivent intensifier leur collaboration déjà existante, dans le cadre de l'Organisation des Nations-unies, qui est en fait toujours une Société (non une communauté vraie) des nations, pour maîtriser le risque présent. La structuration socio-politique essentielle de l'époque présente, définie par la philosophie hégélienne de l'esprit objectivé en un monde rationnel, peut et doit permettre de faire face aux problèmes que Hegel n'avait pu prévoir.

Notre avenir ne peut davantage être prévu par nous. Peut-être apportera-t-il des événements qui contraindront l'humanité à créer un cadre nouveau de sa vie, et d'une vie qu'elle s'emploiera à maintenir humaine. À ce moment, le monde ne pourrait plus seulement hégélianiser. Pour l'instant, et quant à son sens essentiel, c'est encore grâce au prodigieux effort spéculatif de Hegel que nous pouvons le mieux nous orienter en lui.

LE TEMPS DU TERRORISME

Le temps du terrorisme, c'est d'abord un temps, une époque particularisée, dans le temps en général, par la présence prédominante – comme fait ou comme problème et souci – du terrorisme dans la vie socio-politico-culturelle des hommes, le terrorisme dans le temps ou dans l'histoire. En vérité, on peut distinguer deux temps ou époques du terrorisme : Gilbert Guillaume, dans son texte *Terrorisme et droit international*[1], après avoir rappelé que le mot « terreur » apparaît pour la première fois en langue française en 1355 chez le moine Bersuire, où il désigne une peur ou anxiété répondant à une menace inouïe et imprévisible liée à un péril suscité par les hommes ou la nature, évoque bien les deux périodes successives, modernes, du terrorisme. La première est celle de l'État révolutionnaire français décidant, en 1793, de se consolider, face à l'invasion étrangère et à ses appuis intérieurs, en recourant à la pratique gouvernementale systématique de la

---

1. Voir G. Guillaume, *Terrorisme et droit international*, Dordrecht-Boston-Londres, Martinus Nijhoff Publishers, tiré à part du *Recueil des cours* (1989).

terreur à l'encontre de son propre peuple; tel est ce que l'on a appelé le « terrorisme d'État ». Mais, un siècle plus tard, se généralise en Russie, puis dans le reste de l'Europe, l'emploi, par les nihilistes et autres anarchistes, de la terreur cette fois-ci dirigée contre un État, de la part de groupes d'individus, qui peuvent, certes, être aidés par des États étrangers, lesquels, d'ailleurs, se trouvent, plus d'une fois, aussi terroriser leurs propres sujets. Une telle connexion positive est constatée notamment dans le terrorisme qui hante les esprits depuis plusieurs décennies et que d'aucuns voient illustré dans des mouvements révolutionnaires islamistes s'opposant à des États occidentaux et à des États arabo-musulmans dénoncés comme liés aux premiers. C'est là un aspect de la relation existant entre les deux formes majeures du terrorisme qui viennent d'être différenciées.

Une telle relation comporte en effet de nombreux aspects, aussi bien négatifs que positifs. Le terrorisme d'État et le terrorisme anti-étatique s'opposent l'un à l'autre en s'appelant et nourrissant l'un l'autre, tout comme ils prétendent se justifier l'un par l'autre : Michael Walzer déclare ainsi à juste titre que « chacun dénonce l'autre pour qu'il lui serve d'excuse »[1]. Le constat de cette circulation intra-terroriste qui fait du contre-terrorisme un

---

1. M. Walzer, *De la guerre et du terrorisme*, traduction C. Fort, Paris, Bayard, 2004, p. 96.

terrorisme aussi bien que du terrorisme un contre-
terrorisme puisque les terroristes se terrorisent entre
eux, les « durs » éliminant les « mous » à l'égal de
leurs communs ennemis, incite à envisager l'existence d'un « esprit » terroriste, non réductible aux
diverses causes et situations extérieures, objectives,
particulières par lesquelles on voudrait l'expliquer
et l'excuser, voire même le justifier. Qu'on me
permette, sur ce point, d'évoquer le saisissant rapprochement universalisant, fait par Hegel dans ses cours
sur la philosophie de l'histoire, des deux grandes
formes du terrorisme. A deux reprises, il assimile
le terrorisme d'État pratiqué par *Robespierre* et le
terrorisme islamique dont il trouve les principes chez
Mahomet. Dans les deux cas, la terreur annihile la
réalité pour l'homme la plus réelle, celle de l'homme,
au nom de l'idéal absolu nié par cette réalité, celui
de la « vertu » : « Le principe de Robespierre
suivant lequel, pour fixer la vertu, la terreur était
nécessaire, fut aussi le principe des mahométans »[1].
Certes, dans un cas, la vertu avait été appréhendée
comme fondamentalement religieuse, tandis que,
dans l'autre, elle allait l'être comme originairement
politique, c'est-à-dire comme la liberté : parlant
du mahométisme, Hegel déclare bien que « ici "la
religion et la terreur" » était le principe, tout comme

1. Hegel, *Vorlesungen über die Philosophie der Weltgeschichte* [*Cours sur la philosophie de l'histoire universelle*], éd. G. Lasson, II-IV, rééd. 1968, Hambourg, Felix Meiner, p. 796.

l'était chez Robespierre « la liberté et la terreur »[1]. Mais l'équation est, à ses yeux, bien réelle, car la religion se fait immédiatement politique dans le mahométisme, tout comme la politique se fait immédiatement religion dans le robespierrisme. C'est là – pour Hegel – le double visage de l'unité absolue du religieux et du politique qui constitue un même « fanatisme »[2] assez entier et donc fort pour rendre à la fois possible et nécessaire la violence suprême inflexible et aveugle infligée à l'homme par l'homme.

Cette même fondation hégélienne, par elle-même critique et ne valant pas justification, du terrorisme comme procédant toujours d'un esprit de fanatisme, absolutisation d'une pratique violente ou réalisation violente de l'absolu, fournit le thème du présent exposé. Car la réflexion sur les rapports du temps et du terrorisme est appelée, du dedans même de celui-ci, s'il est bien la mise en pratique du court-circuit explosif de l'absolu idéal et d'un temps réel objectivement tel qu'il se prête à un traitement terroriste de l'homme par l'homme – première partie de cet exposé – et subjectivement vécu de façon telle qu'il peut animer ce traitement – second moment de mon propos.

1. Hegel, *Vorlesungen über die Philosophie der Weltgeschichte* [*Cours sur la philosophie de l'histoire universelle*], *op. cit.*, p. 792.
2. *Ibid.*

*

Il convient de préciser la signification objective du comportement terroriste de façon à comprendre son insertion dans le temps humain lui-même objectivement saisi, c'est-à-dire dans l'histoire, comme définissant telle ou telle période de celle-ci. Je rappellerai brièvement cinq caractères du terrorisme, qu'on ne peut identifier purement et simplement à la violence, car il est une pratique *systématique* de cette violence.

1. Ce qui signifie qu'il en est une pratique délibérée, voulue, et, par conséquent, pleinement responsable d'elle-même et ne pouvant donc pas se faire excuser comme réaction naturelle à telle ou telle situation restreignante, voire contraignante, et même révoltante.

2. Il est une pratique constante, régulière, générale, érigée en principe, de la violence alors tentée de se justifier en se donnant, d'une façon ou d'une autre, bonne conscience d'elle-même.

3. Cette généralisation ou universalisation formelle de l'acte violent se réalise, et dans l'objet, et dans le sujet de cet acte. Son objet est l'existence universelle réelle des hommes, donc leur existence politique, et son sujet veut être – pour le moins par représentation – cette même collectivité politique des hommes, quelque signification supra-politique absolument justifiante que celle-ci se donne pour commencer ou pour finir.

4. L'objectif politique ainsi absolutisable, donc jugé absolument bon, du terrorisme, auquel s'identifie son sujet par là lui aussi absolument justifié à ses propres yeux, doit donc se réaliser absolument, dès lors immédiatement, dans un réel absolument mauvais en tant qu'il en diffère, par une violence qui annihile brutalement et radicalement ce réel comme ennemi diabolisé.

5. Enfin, et c'est ce qui spécifie véritablement le terrorisme, cette violence n'est pleinement efficace qu'autant qu'elle frappe la totalité du réel ennemi, actuel ou virtuel, et qu'elle le fait par elle-même totalement prise, donc non seulement dans sa réalité nécessairement particulière, mais dans son sens universel signifiant exemplairement, pour ceux qu'elle n'atteint pas d'abord effectivement, la possibilité terrorisante de leur propre annihilation. Pour le terroriste, la terreur n'est pas simplement l'effet limité contingent de son acte, mais le moyen universel de son but, de la destruction du pouvoir ennemi existant (par exemple dans le terrorisme anti-étatique) ou susceptible d'exister (par exemple dans le terrorisme d'État). C'est que le terroriste considère la terreur comme le mobile le plus puissant de l'homme, mobile aussi mauvais en sa négativité que peut l'être, pour lui, l'homme comme tel, toujours capable de pactiser, même passivement ou en simple intention, avec l'ennemi du bien jugé absolu. Pour lui, tout homme étant un méchant possible, nul n'est vraiment innocent, et la prise de civils innocents

comme otages en vue de faire fléchir les détenteurs du pouvoir réel ou possible ne saurait beaucoup l'émouvoir. Sa méfiance envers les hommes, nuls devant l'absolu, fait qu'il tend à élargir la sphère de ceux qu'il s'agit de terroriser. Ce qui signifie corrélativement la tendance à la fragmentation et raréfaction même des terroristes cependant soucieux, en leur prétention de servir absolument, à tout prix, l'absolu comme tel universel, d'exister collectivement. Or cette tendance à perdre ainsi leur sens même est aussi ce qui fragilise et compromet à terme leur puissance exaltée. L'activisme terrorisant sans frein semble de la sorte bien plutôt condamné à son freinage inévitable, c'est-à-dire à l'échec politique. L'histoire en a fourni maints exemples. Un tel destin de la puissance terroriste invite alors à s'interroger sur l'existence même initiale d'une semblable puissance. Le projet même du terrorisme n'est-il pas d'emblée l'expression de l'échec de la politique ?

Le terroriste prétend bien être un politique, lui dont le but est (d'abord ou aussi) politique. Mais son comportement n'annule-t-il pas son objectif ou, du moins, le caractère proprement politique de cet objectif ? Celui-ci est l'affirmation de son pouvoir absolu, immédiat, efficace moyennant la terreur qu'il suscite, dans la réalisation du pouvoir de l'absolu dont il veut être le bras armé impitoyable. Cette affirmation tendanciellement solitaire en raison de la vision négative des hommes qui la sous-tend révèle, chez le terroriste, le mime du tyran qu'il veut abattre en frappant réellement, à travers la médiation de son acte meurtrier, mais, mieux, idéellement, à travers la puissance immédiate, sur tous les sujets soumis à la tyrannie, de la représentation terrorisante de cet acte. Le terroriste est bien habité par le goût de la puissance apparente au fond illusoire du tyran, qui s'épuise dans l'annihilation de la réalité politique. Platon opposait justement le politique au tyran, incapable de tisser, de construire, une communauté civique dont les membres règlent leurs rapports par des décisions suivant des mesures universelles, des lois régissant l'existence politique en tant que telle. Assurément, le terroriste entend faire croire qu'il veut faire surgir la cité juste et bonne et que son but est donc bien politique, tout comme l'est aussi son moyen, lors même qu'il se présente, sous la désignation excusante de *dernier recours*, comme le substitut de tous les autres moyens reconnus politiquement, jugés positifs, mais dits insuffisants pour assurer la réalisation de la fin absolue. Or on voit bien que la proclamation du dernier recours masque la négligence de tous les moyens précédents, dont la médiation laborieuse ne s'accorderait d'ailleurs guère avec l'impatience fanatique. Si le politique construit les divers côtés – moyens positifs – de la situation politique totale qui est sa fin, le terroriste construit seulement techniquement un geste politiquement négatif dont le résultat est la négation de toute situation politique.

Le terrorisme a-t-il jamais pu construire un État qui n'ait pas été lui-même un État terroriste, comme tel fondamentalement précaire en dépit de sa dureté provisoire?

L'histoire a montré que l'État terroriste, totalitaire, ne peut se construire comme un véritable tout, en tant que tel capable de durer véritablement. La capacité du terrorisme de s'internationaliser, de devenir transnational ou supra-national, confirme son abstraction politique, car le politique n'est effectivement réel qu'à travers l'État national (d'où, d'ailleurs, osons le rappeler, l'extrême difficulté d'une construction politique supra-nationale, qui ne peut être que la construction, si lente et incertaine à cette échelle, d'une nouvelle nation, universelle par rapport à ses composantes d'abord nationales). La supra-nationalité du terrorisme, sa *mondialisation*, ne manifeste donc pas son caractère supra-politique, mais bien plutôt son caractère infra-politique. Il est vrai que le terrorisme se présente, contre le pouvoir politique qu'il combat, comme le représentant de la totalité réelle, à laquelle seule doit revenir le pouvoir fondé en l'absolu universel, de la nation ou du peuple. Mais c'est là – ainsi qu'il a été dit – un simple discours non authentifié par une délégation réelle de la part de cette totalité réelle que le terrorisme ne contribue en rien à faire s'affirmer ou se confirmer, en son unité concrète vivante, par un travail socio-politico-pédagogique patient et positif. Le souci du terrorisme est de s'organiser lui-même, en la méfiance interne qui le mine, non pas de faire mieux s'organiser dans des institutions proprement politiques plus justes le peuple ou la nation. S'il prend le pouvoir, il tente de faire de son organisation minée celle d'un État alors lui-même terroriste semblablement voué à l'échec. Ce n'est pas de cette façon que les États entrent et restent dans l'histoire. La représentation revendiquée des masses par les chefs terroristes n'a rien à voir avec l'expression réelle des peuples par les héros créateurs ou transformateurs des États. Hegel a bien montré que c'est seule la dialectique de cette expression qui constitue l'histoire, foncièrement politique. Il a montré aussi que le temps du terrorisme est celui d'une cessation ou d'une *fin de l'histoire*.

La *Phénoménologie de l'esprit*, exposant dans son chapitre VI la réalisation politique progressive du vœu constitutif de la conscience, celui de la réconciliation du Soi singulier et de l'Être universel, établit que cette réconciliation, se voulant enfin absolue, dans l'immédiateté d'une révolution, fait exploser l'agir politique dans l'auto-négation terroriste de l'histoire. Car l'affirmation humaine objective immédiate, donc à travers un Soi natif singulier (une volonté individuelle) du Soi de l'Être universel (la volonté générale), nie nécessairement l'être (alors rival) des (autres) Soi singuliers dans la terreur suspectant à juste titre ceux-ci de rester égoïstement fixés à leur individualité. Ainsi, la volonté universelle, où devaient s'accomplir les volontés individuelles à travers une œuvre collective, en cela historique, positive, tue bien plutôt en elles les ouvrières de la politique. C'est pourquoi la persistance de la vie politique, qui est pour Hegel une dimension essentielle, toute relative et subordonnée qu'elle soit, de l'existence vraie, exige la restauration, mais promouvante, des médiations traditionnelles, rendues alors plus véritablement totalisantes, entre la singularité (trop humaine) et l'universalité (quasi-divine) de l'esprit humain. Loin d'être, en leur abstraction ou immédiateté, sa singularité, son universalité ou leur (pseudo-unité), l'esprit réel les médiatise *processuellement*, en sa grande patience, identifiant de la sorte concrètement son identité à soi et sa différence d'avec soi dans un *sens* spirituel, le sens même de l'histoire.

C'est de ce sens qu'est l'histoire que le terrorisme de la Révolution de l'Occident – la Révolution française – a été, au seuil de son achèvement positif moderne, l'interruption négative provisoire dans la ruine d'un politique faussement absolutisé. Or, à l'aube de son développement animé par la révélation du Dieu incarné historiquement du christianisme, une première révolution avait exprimé un blocage originel de ce développement à son Levant, la « Révolution de l'Orient » que fut, selon Hegel, le terrorisme musulman. Face à l'historisation et mondanisation chrétienne de l'Un divin risquant alors de perdre sa pureté et absoluité, l'islam l'impose, en son universalité encore plus strictement prise que dans le judaïsme, à un monde dans lequel aucune différenciation, donc aucune organisation, ne saurait, en étant fixée, porter ombrage à son éclat; reproduction culturelle du désert arabe où l'islam est né. Le traitement fanatique-terroriste du monde ne laisse surgir aucune grande action ou œuvre réelle capable de laisser des traces dans une histoire mondiale dont l'islam s'est retiré aussi vite qu'il y a surgi. Il interrompt donc, lui aussi l'histoire d'une façon non historique, tel un éclair en quelque sorte naturel de l'éternité surnaturelle.

Ces deux formes du terrorisme, celle qui a suivi de peu le début, et celle qui a précédé de peu la fin du développement de l'histoire moderne – réalisation mondaine de l'incarnation historique du Dieu chrétien – constituent bien deux parenthèses fermées de l'histoire universelle, destructrices en fait de l'État en leur caractère d'États terroristes. Hegel n'a pu assurément prévoir le terrorisme intentionnellement anti-étatique, dirigé contre des États qui se veulent purement étatiques ou politiques, illustré entre autres à notre époque par le terrorisme islamiste. Mais ne peut-on pas se risquer à hégélianiser encore en mobilisant l'affirmation hégélienne de la fin de l'histoire universelle, pour lier à cette fin, et au libre champ alors abandonné à une interactivité non proprement et véritablement politique des groupes humains, la prolifération récente d'un terrorisme ouvertement opposé au politique strictement politique, c'est-à-dire à l'historique proprement historique? Car ce terrorisme *pense* et *veut* un temps qui ne soit plus de l'histoire.

*

Le terrorisme n'*est* pas simplement dans l'histoire comme ce qui est hors d'elle, mais il *se pense* lui-même comme tel, dans la mesure où il veut rompre avec une histoire dont la nécessité est celle d'une humanité qui n'est pas vraiment elle-même, ce qu'elle doit être, c'est-à-dire vraiment libre en tant qu'elle serait chez soi dans l'être vraiment tel (l'humanité dans son essence, humaine ou/et divine). – Ainsi les révolutionnaires français rejettent l'histoire en sa continuité traditionnelle d'inégalité et d'injustice : le monde où elle s'est déployée n'a pu être créé par un Dieu bon, donc un vrai Dieu. La Révolution se veut, en revanche, la seconde création du monde, la bonne, car pleinement humaine, l'homme n'étant lui-même qu'en se hissant héroïquement au-dessus de lui-même en sa liberté ; celle-ci affirme son pouvoir absolu face à la prétendue nécessité historique, qui n'est que la violence arbitraire traditionnellement exercée par les privilégiés contre le peuple et à laquelle le volontarisme révolutionnaire doit opposer sa juste violence. Sûre d'elle-même, la liberté terroriste justifie alors, ainsi chez Robespierre, sa négation de l'histoire, indûment sanctifiée, comme l'expression des justes arrêts de la vraie Providence divine veillant sur le miracle qu'est la Révolution. – Quant au terrorisme islamique, il ne saurait reconnaître une nécessité originairement historique qui ne manifesterait pas la décision absolument transcendante, éprouvée comme un *fatum*, de la liberté divine déterminant la liberté humaine. La conscience terroriste, dans ses deux grands exemples cités par Hegel, s'est bien voulue une conscience an-historique.

En son actualité la plus manifeste, elle se confirme bien telle. Cela, d'autant plus que la conscience pratique historisante se donne, même à elle-même, comme un formalisme résiduel qui a perdu tout contenu réel actuel. Si bien que la conscience la plus commune de l'humanité, loin de contredire absolument la conscience terroriste, se laisse empreindre par elle dans sa vision dès lors pessimiste des choses. Examinons ces différents aspects d'une *infection terroriste* de l'esprit du monde présent, à travers une caractérisation de celui-ci qui, parce que décrire un si complexe objet spirituel, c'est toujours déjà sélectionner et évaluer, pourra aisément susciter mainte interrogation et contestation.

Le terroriste s'adonnant entièrement à son acte négateur, destructeur, est nécessairement persuadé, d'une part, de la valeur et légitimité absolue de cet acte alors qu'il viole toute loi et tout droit, et, d'autre part, de sa possibilité et efficacité non moins absolue, quel que soit le cours des choses. Ce qui n'est possible que s'il saisit un tel acte comme

se rattachant *directement* à un principe absolu
– divin, mondain ou humain – qui *transcende*
en son identité à soi massive toute différence ou
détermination, dont on ne peut alors rendre raison
à partir de lui – en rendant par là aussi raison de
toutes les autres différences ou déterminations,
dans un enchainement de toutes les différences
ou déterminations – parce que toute différence ou
détermination est posée arbitrairement, sans raison,
par lui. C'est le cas, notamment, d'un Dieu ou d'un
Homme saisi comme liberté absolue ou abstraite
(de tout) et dont l'identité à soi, alors indifférente à
toute différence, ne *se* différencie pas en elle-même
et, du coup, n'est pas une *raison*, puisque – grand
enseignement de Hegel – la raison est l'identité de
l'identité et de la différence. Corrélativement, parce
que, si la différence est extérieure à l'identité et
l'identité en soi, essentiellement, sans différence,
l'identité est extérieure à la différence et la différence
en soi, essentiellement, sans identité, le cours, la
succession, le temps des faits, notamment, est lui
aussi dépourvu de raison. C'est bien pourquoi la
*conscience terroriste ne vit pas le temps comme une
histoire*, une série d'événements liés par un sens,
et, si l'on emploie encore le terme d'histoire, c'est
en la vivant comme une histoire qui par elle-même
n'a pas ou n'a plus de sens ; tout, en elle, est donc
possible, à tout instant, et le terroriste peut s'enivrer
de sa puissance négatrice devenue alors à ses yeux
positive.

Certes, un attentat doit être préparé, d'abord techniquement, voire aussi psycho-sociologiquement, par exemple à travers une manipulation de l'opinion, donc superficiellement. Mais le terroriste pense que cela suffit, lui qui ne croit pas au conditionnement réel, en profondeur, des événements dans une véritable histoire. Or le libre infléchissement de celle-ci requiert qu'elle soit travaillée patiemment au cœur d'elle-même, donc dans la prise en compte des forces objectives et des tendances subjectives constituant les bonnes raisons d'agir, d'abord positives, des peuples, alors mobilisés en vue de transformations effectives des choses, tandis que les éclats ponctuels du terrorisme laissent les peuples subir une négation bruyante seulement apparente de l'état de choses. C'est pourquoi le terrorisme anti-étatique était dénoncé comme un allié objectif du conservatisme par les révolutionnaires communistes soucieux de s'inscrire, pour l'accomplir, dans le sens de l'histoire; il est vrai qu'ils pratiquèrent également un terrorisme d'État, avide, lui aussi, d'imposer, dans la ponctualité des mesures d'exception, une entreprise qui ne leur permit pas de marquer l'histoire par une œuvre positive durable!

La gestion terroriste d'un temps éclaté substitue ainsi aux *événements* proprement dits, qui, certes sont toujours peu ou prou des avènements, mais synthétisent et récapitulent positivement en eux tout un processus qui les ancre solidement et les réalise vraiment dans l'histoire, de simples *coups* explosant à la surface de celle-ci. Ces coups frappent les choses et les esprits, mais ne les changent guère. Un tel an-historisme se dit volontiers chez le terroriste dans un registre *naturel*, car la nature offre des explosions sans antécédents ni suites décelables. L'histoire se vit comme s'annulant dans la « foudre islamique », à laquelle répond, dans la politique s'annulant elle-même comme telle d'un contre-terrorisme se faisant simple police internationale, la « tempête du désert ». Un tel mimétisme n'est-il pas alors le signe d'une victoire de l'irrationalisme terroriste sur la raison historico-politique, qui douterait d'elle-même ?

Victoire du terrorisme ou retraite, mieux : retrait, de l'histoire ? Car l'apparente prégnance du terrorisme – dont j'ai souligné l'impuissance réelle face à l'histoire politique – ne profite-t-elle pas plutôt de ce que cette histoire, ayant achevé son œuvre essentielle et produit dans son contenu total vrai son sens universel, libèrerait d'elle l'énergie spirituelle des hommes ainsi appelée à se fixer sur d'autres tâches, supra-politiques, mais lui permettrait aussi de se fourvoyer en voulant, dans le champ même de l'histoire, substituer à celle-ci la non-histoire qu'est le terrorisme ? – L'affirmation hégélienne de la fin de l'histoire (universelle) n'est-elle pas vérifiée dans le monde actuel, devenu ou, pris d'abord en son sens dit par Hegel, resté, en ses points d'apogée, politiquement hégélien ? L'illusion d'un après-Hegel socio-politique, surtout marxiste, s'étant dissipée, la novation politico-historique essentielle semblant désormais impossible, l'intérêt propre de l'homme ne pourrait plus ainsi se porter à l'assomption historique de l'histoire, remplacée par une gestion empirique semblant comme telle spirituellement médiocre. On peut considérer qu'il n'y a plus de grande cause mobilisant positivement les hommes. Et c'est peut-être une telle fin de l'histoire, qui n'est vraiment elle-même que comme la grande histoire –, l'histoire universelle en tant qu'histoire de l'universel, du Sens –, qui ouvrirait, en lui laissant le champ plus libre, le temps du terrorisme, le temps éclaté des coups, des multiples coups, lesquels, du fait de leur isolement qui les rend vides, sont généralement des coups négatifs, des mauvais coups. – Cependant, cette *possibilité* d'expansion actuelle du terrorisme ne saurait être érigée en *destin*.

A supposer, en effet, que l'histoire proprement dite, celles des groupes humains instituant rationnellement leurs relations entre eux, ait cessé d'être productrice de sens, le maintien durable de ses acquis, qui conditionnent seuls même une existence supra-politique considérée comme l'accomplissement suprême de l'homme, constitue un intérêt humain total. La persistance d'un État à la fois ferme et libéral est, au surplus, requise comme celle de l'unique instance capable de maitriser un problème nouvellement apparu à l'époque de la fin au moins possible de l'histoire proprement humaine des hommes. Ce problème est celui de ce que l'on appelle le retour menaçant de la nature, d'une « histoire » de cette nature que l'on estime avoir été trop forcée par l'homme. La longue époque des *catastrophes* naturelles, dont l'apaisement avait laissé la place à l'histoire des relations inter-humaines et à ses *crises*, semble bien faire retour en cette histoire comme un négatif plus fondamental que le négatif d'origine humaine et inaugurer une nouvelle histoire, aussi bien comme « *Geschichte* » (l'histoire faite) que comme « *Historie* » (l'histoire pensée). Or le mauvais « idéalisme » du terrorisme le fait se moquer du conditionnement naturel, devenu à l'ordre du jour, de la vie de l'humanité, au point qu'il n'hésite pas à envisager l'emploi d'armes détruisant aussi bien les choses, et par elles indirectement les hommes, que directement ceux-ci eux-mêmes. Attachée à sa survie comme humaine, l'humanité ne peut donc que s'adonner à la grande cause de sa défense, une cause qui est plus que strictement politico-historique puisqu'elle englobe le souci humain total de la nature, à conserver en son ordre, plutôt qu'à invoquer de façon morbide en l'irruption de ses désordres. Il importe donc de ne pas laisser se développer, dans l'éducation et la culture, une mentalité favorisant la passivité et la lâcheté devant le terrorisme, dans son oubli des exigences théoriques et pratiques de la raison, conditions absolues de la vraie liberté.

*

Il est vrai que, en dépit de ses proclamations, qu'on exploite trop souvent pour le faire excuser ou comprendre, le terrorisme ne se soucie guère de la vie humaine, du droit élémentaire à la vie de ses victimes innocentes, et, d'une façon générale, des droits de l'homme, et c'est − point essentiel sur lequel je voudrais terminer − ce refus des droits de l'homme qui est au fond de son refus du temps sensé de l'histoire. Ce dernier refus est celui de la présence immanente, dans la suite de l'histoire, de ce qui la rend telle, d'un universel (identique à soi) ordonnant en tant qu'une fin son contenu par-delà les (différentes) séquences causales la régissant formellement, un universel dans lequel on peut voir, on a vu, la présence empirique d'un absolu essentiel (divin, humain…). Or l'idéal absolu justifiant pour le terroriste la violence qu'il inflige sans état d'âme au réel est un principe absolument extérieur à ce réel qui n'a de valeur que comme le geste destructeur de célébration d'un tel absolu. L'homme ne vaut que par un tel geste et non par lui-même : par lui-même, il n'a pas de droit. C'est pourquoi l'on a tout à redouter du traitement de l'homme à venir, dont il dit préparer la venue, par le terroriste qui n'hésite pas à massacrer des hommes réels innocents. Et l'on peut suspecter la justification qu'il donne de sa violence d'être le simple masque de son goût premier de celle-ci, de son inhumanité originelle.

En rappelant que Kant, qui condamna sans appel le terrorisme d'une révolution qu'il admirait en son grand objectif, avait profondément discerné que *le sens de l'histoire se fonde sur le sens moral*, et, en celui-ci, qui est aussi bien juridique qu'éthique, plus précisément sur le sens du droit.

DE LA RICHESSE ACTUELLE
DE LA THÉORIE
HÉGÉLIENNE DE L'ÉTHICITÉ

QUELQUES OBJECTIONS À AXEL HONNETH

Je suis d'accord avec Axel Honneth pour penser que notre liberté est encore pauvre, que notre libération n'est pas achevée (mais peut-elle jamais l'être?). Cependant, je ne pense pas que son enrichissement doive signifier une relativisation de l'apport de Hegel, à mes yeux toujours, en son sens essentiel, fondateur, socle rationnel qu'il n'y a pas à compromettre, en alléguant une pauvreté de lui-même, à travers des enrichissements qui ne peuvent être que des phénomènes existants sans effectivité véritable – pour reprendre un classique thème hégélien. La réalité seulement empirique n'assure aucunement la rationalité mesurant l'être, ainsi que l'histoire l'a montré – encore récemment – en rabaissant à de simples parenthèses des décennies de force factuelle. La richesse est toujours pour moi dans Hegel tel qu'en lui-même. Et cette pensée est, depuis Hegel, une pensée qui a presque toujours été actuelle en France.

J'y insiste quelques instants, car les choses me semblent s'être passées en France tout autrement qu'ailleurs, qu'en Allemagne notamment. Au XIXᵉ siècle, en sa première moitié, Cousin se veut, dans son règne universitaire, le Hegel français, et, dans le demi-siècle suivant, Taine, l'ennemi de Cousin, mais tout aussi hégélien, domine ce qu'on appellerait aujourd'hui les médias; en janvier 1870, il lance, avec Renan, autre hégélien, une souscription dans le *Journal des Débats* en vue de l'édification, sur l'une des places les plus monumentales de Paris, d'une statue à Hegel. Les événements en décideront, quelques mois plus tard, autrement. Cependant, vers la fin du siècle, Jaurès exaltera la philosophie sociale de Hegel, et aussi son « État justicier », justicier comme État, dans l'articulation hiérarchique hégélienne respectée de la société et de l'État. Au siècle suivant, Alain, le penseur comtien, fera pourtant de Hegel le vrai fondateur de la sociologie, pour avoir fixé selon la vérité ce rapport entre le social et le politique, à réaliser dans tout le temps à venir. Éric Weil écrira une *Philosophie politique*[1] quasi littéralement hégélienne, et l'on connaît l'engagement kojévien. Ainsi, le thème de l'actualité de Hegel a-t-il toujours été actuel en France. Les politiques eux-mêmes reconnaîtront avoir été hégéliens lorsqu'il leur arrivera de connaître Hegel, ainsi que me l'écrira tel grand gaulliste en 1968. L'Allemagne, elle, fit

---

1. É. Weil, *Philosophie politique*, Paris, Vrin, 1956.

retour, fait retour, à un Hegel qu'elle avait en partie bien oublié, et que, dans une telle discontinuité, elle a pu ou elle peut plus facilement juger aussi inactuel qu'actuel, de telle sorte qu'il paraît devoir être réhabilité, actualisé, contre sa lettre « démodée », à partir de son esprit, qui, comme tel seulement, serait encore actuel. On réhabilitera ainsi Hegel en se faisant soi-même néo-hégélien, comme on aura réhabilité Kant en s'étant fait soi-même néo-kantien. Une telle démarche, plus allemande que française, n'est légitime à propos d'un penseur que si, chez lui, la lettre contredit son esprit, qui l'unifie elle-même, c'est-à-dire que si elle est elle-même contradictoire, mais, si tel n'est pas le cas, on ne peut prétendre saisir et exprimer mieux que son auteur l'esprit d'une philosophie. On s'autorise à tort d'un propos tronqué de Kant disant qu'il est possible de comprendre mieux un philosophe que lui-même – mais lorsque celui-ci n'a pas suffisamment défini et enchaîné ses concepts –, pour se risquer à y loger telle ou telle intention profonde ; Fichte à donné un bien mauvais exemple dans sa lecture de Kant ! Je suis de ceux qui pensent que Gueroult a raison de dire que l'auteur d'une philosophie est celui qui discerne le mieux ce qu'il a voulu dire en elle. Un hégélien sait mieux que quiconque que l'intérieur et l'extérieur ne font qu'un en leur vérité. Pour ce qui me concerne, je n'ai pas relevé de contradiction dans le discours hégélien, et je lis son esprit dans la totalité signifiante de sa lettre exemplairement cohérente avec elle-même.

*

Voilà pourquoi je suis très réticent à l'égard d'un certain nombre de thèses, méthodologiques ou – au sens large du terme – ontologiques, par lesquelles Axel Honneth tend à desserrer, à ouvrir, à détotaliser, la totalisation hégélienne de la sphère de l'esprit objectif ou, ainsi qu'il préfère dire, social. Voici donc quelques objections.

Le concept ou le logique et l'existence libre

Leur sens – être identique à soi dans la différence d'avec soi, ou être chez soi dans l'autre – les identifie. Si bien que, tout – pour Hegel – nous venant de l'extérieur, de l'expérience, le concept logique s'est dégagé de la vie, mais que sa nécessité abstraite ou simple – la nécessité qui est et apparaît de fer – permet de mieux saisir comme telle la nécessité plus enveloppée, concrète, de la réalité effective. Une lecture hégélienne de Hegel n'exclut-elle pas tout unilatéralisme ? Je le crois. N'est-ce pas risquer de mutiler le texte hégélien que de s'en tenir à une lecture réaliste-sociologisante du rationnel, d'autant plus qu'une telle lecture inverse le sens de l'équation que Hegel établit entre le rationnel et le réel, qui part du rationnel pour dire qu'il est réel, avant de dire (telle une conséquence) que le réel est rationnel ? Axel Honneth ne prend-il pas ce risque ?

Les formes de la liberté

Axel Honneth a parfaitement exposé l'existence nécessaire, toutefois à ne pas absolutiser sous peine de souffrance sociale en raison de leur indétermination, de la liberté juridique et de la liberté morale, dont seule la réunion éthique (le sujet s'affirme objectivement dans les autres sujets) accomplit la liberté; s'il a souligné avec justesse – et on ne le fait pas assez – que les deux premières doivent toujours être encore pratiquées dans la vie éthique; en revanche, je trouve contraire à la lettre et à l'esprit du hégélianisme de les justifier éthiquement comme ce qui peut et doit nier la stabilité de la communauté éthique, et donc de faire s'affirmer l'éthicité par sa négation pré-éthique. Comme si l'éthicité devait, pour Hegel, se ressourcer sans cesse dans les subjectivités en simple *interaction*, alors qu'elle est pour lui le cadre *totalisant* assurant substantiellement dans l'être leur jeu sans cela précaire; et indéterminé! Mais il est vrai que Axel Honneth définit toujours l'éthicité par l'*inter-subjectivité* et réduit la *réconciliation* que sa totalité opère à la *reconnaissance* où s'épuise l'interaction des individus. L'esprit objectif est pour lui essentiellement intersubjectif, et c'est pourquoi il préfère l'appeler l'esprit social. Je récuse une telle « socialisation » de la pensée hégélienne.

Les institutions sociales

La lecture socialisante-sociologisante de la théorie hégélienne de l'esprit objectif ou – en sa vérité – éthique lui fait privilégier, par rapport au niveau de la dimension subjective, intérieure, vécue, des formes de la liberté, le niveau intersubjectif, pour elle objectif, de l'extériorisation de soi relationnelle, des institutions sociales. Pour reprocher à Hegel d'avoir identifié ces deux niveaux, celui de l'identité à soi ou intériorité à soi de la raison éthique et celui de la différence d'avec soi ou de l'extériorité à soi de la socialité, au profit, naturellement, du premier niveau. Il faut inverser un tel rapport, dit-on, et *comprendre socialement la raison éthique*. On a parfaitement le droit de le faire, mais me semble-t-il, pas de se réclamer alors de Hegel.

Ce privilège accordé au social fait désigner par lui la sphère entière de l'éthique, alors que, chez Hegel, le social, en son sens strictement déterminé, désigne seulement le niveau médian de l'éthicité, celui de la *société civile* – l'éthicité extérieure à soi, différente de soi – encadrée par l'éthicité identique à soi, totalisée, de la famille et de l'État. Hegel définit le social *stricto sensu* plutôt par la famille (comme la « famille universelle ») et par l'État (comme l'« État de l'entendement »). C'est donc inverser Hegel que de définir les trois moments de l'éthicité à partir du social. Et c'est alors mesurer et critiquer les totalités ou communautés qu'on dit statiques, sclérosantes, de la famille et de l'État, par l'extériorité à soi mobilisante, dynamisante, du social dont les institutions ne valent qu'en restant vivantes, dans la précarité célébrée d'habitudes communicationnelles évolutives. La famille hégélienne limite en l'embourgeoisant l'amour et l'État hégélien sclérose en lui et dans les autres sphères éthiques, par son droit positif conservateur, l'amitié entre les hommes. La communication sociale doit donc libérer d'elles-mêmes les deux communautés, naturelle et nationale. – Comment faire baptiser par Hegel une telle normativité sociale? Celle-ci ne pourrait être effectivement réalisée que par l'État utilisant sa force institutionnelle contre lui-même, instituant vigoureusement les institutions faibles des pratiques sociales, faisant une loi stricte de l'assouplissement des lois, c'est-à-dire par un État socialisant le politique comme simple accomplissement *public* du social, c'est-à-dire se niant radicalement.

Le public et le politique

Le conservatisme, selon Axel Honneth, sclérosant, de l'État hégélien vient de ce qu'il n'accomplit pas la destination vraie de l'État, qui est, non pas de bloquer par son statisme autoritaire le dynamisme originairement social et de borner par sa fermeture nationale l'universalisme culturel de la société, mais au contraire d'employer son pouvoir à libérer plus encore la vie sociale comprise comme intersubjectivité, cela aussi bien en son intensité qu'en son extension. En intensité : l'État ne doit pas seulement assurer la liberté des citoyens, mais les appeler à participer activement à sa propre conduite; en extension : il ne doit pas seulement les traiter formellement de façon égale, mais contribuer à faire se réaliser en eux tous leur égalité humaine. L'État *libéral* de Hegel doit, par une telle participation égalitaire à son pouvoir, devenir *républicain*. Cette imprégnation sociale du politique se républicanisant par là dans une auto-constitution proprement publique de lui-même – imprégnation constamment souhaitée dans l'école de Francfort.

Voilà ce dont l'idée ne s'est pas exposée dans la philosophie hégélienne. On le reconnaît et le regrette. Mais – sinon pourquoi se recommander de Hegel afin de le dépasser, mieux : afin de le faire se dépasser lui-même ? – on pense que, « au cœur même de la sa théorie », gisait déjà l'esprit exigeant le dépassement de sa lettre périmée.

Je pense très exactement le contraire. Parce que je pense que, pour Hegel, d'une façon générale, dans l'élément universel de la dialectique, le concret *fonde* l'abstrait comme ce dont le développement même *conditionne* son propre accomplissement, que la totalité (conceptuelle) fait de même pour l'interaction, l'esprit (objectif) pour le subjectif et l'intersubjectif (pré-spirituel), la réconciliation pour la reconnaissance, l'État pour la société, l'institution politique pour le culturel et le public. Inverser cette relation nucléaire multiforme du hégélianisme, c'est, pour moi, ni plus ni moins renverser celui-ci.

Faut-il procéder quand même à un tel renversement, au motif qu'en elle-même, la pensée hégélienne, en sa lettre essentielle exprimant son esprit, aurait perdu son actualité ? Répondre à cette question, c'est porter un jugement sur l'actualité tout autant que sur Hegel. Rien n'est plus difficile et risqué. Je me risque pourtant à quelques considérations.

*

Il va de soi que, près de deux siècles après la mort de Hegel – et alors que l'histoire, surtout dans un présent qui lui fait absorber les distances spatiale et temporelle, s'est accélérée dans sa complexification elle-même accrue –, le monde d'aujourd'hui, même pris en la seule sphère de l'esprit objectif ou du droit au sens hégélien de ces termes, n'est plus en toute sa réalité empirique absolument conforme à celui dont Hegel a voulu théoriser l'accomplissement essentiel, à ses yeux définitif. La vie familiale, la vie socio-économico-culturelle, la vie politique nationale et internationale, à de nombreux égards, ne respectent plus la normativité hégélienne : les relations familiales débordent ou transgressent la nature spiritualisée ; les rapports sociaux n'illustrent plus le statut et le contenu des classes hégéliennes, ils s'entrecroisent avec des réseaux sociétaux qui les relativisent; les démocraties parlementaires laissent peu de place à la monarchie constitutionnelle héréditaire, les organisations non gouvernementales et une gouvernance mondiale, et déjà continentale – européenne notamment – se présentent comme des limitations des pouvoirs étatiques nationaux. On pourrait multiplier les exemples.

Mais ce qui importe, c'est de savoir 1) si l'organisation fondamentale effective du monde contemporain nie ou non l'organisation fonda-mentale rationnelle du modèle hégélien de la vie éthique, et 2) au cas où elle la nierait, si cette négation est elle-même effective ou simplement existante (opposition elle-même hégélienne, mais nous voulons bien tous deux juger hégéliennement Hegel et notre monde!) du fait de son irrationalité, et donc précaire, par conséquent non opposable à l'actualité présente de l'auteur des *Principes de la philosophie du droit*.

Je crois que le monde socio-politique actuel est, pour l'essentiel, et en son état le plus avancé, en train de réaliser le modèle hégélien, qui demeure, en ce sens, normatif pour lui. La négation de sa négation marxiste l'a, au demeurant, confirmé en cette valeur. J'en évoque rapidement quelques traits majeurs. Présence de l'État-nation assez fort pour libérer en lui de lui une société civile reposant prioritairement sur les initiatives individuelles qui animent une économie dont les effets négatifs, accrus par la mondialisation essentielle à elle, sont tempérés moyennement la mise en œuvre seconde, et secondaire, de la sécurité et solidarité sociale. L'État contrôlant cette régulation sociale constitue politiquement selon le droit la volonté nationale partagée par les citoyens et concentrée en sa force dans la décision raisonnée du chef de l'État. La souveraineté nationale qui s'exprime aussi dans celle-ci porte et limite le droit international. Et les institutions non gouvernementales ou supra-nationales tolérées ou créées par les États-nations ne limitent ceux-ci que pour autant qu'ils s'auto-limitent à travers elles, et donc conservent leur souveraineté au-dedans comme en dehors d'eux-mêmes. Le social reste soumis, tout en étant reconnu par lui, au politique tel que Hegel l'avait compris, comme ce socle par l'existence, l'action ou l'abstention duquel toute vie intra ou extra, infra ou supra-politique est possible en sa propre liberté, y compris une culture intensifiée de la socialité elle-même.

C'est pourquoi les projets, et essais, actuellement exaltés, de dynamisation civile-publique de l'institution politique dont il vient d'être question, par l'insertion en elle de pratiques proprement sociales, elles-mêmes dynamisées par l'intersubjectivité sociétale, ne peuvent représenter l'effectivité fondatrice nouvelle du monde contemporain avéré. Vouloir voir en ces exaltations du contrat révisable ne s'aliénant pas dans un pacte stabilisant, du consensus dialogal ne se dépassant pas dans un ordre institutionnel, du communicationnel ne se fixant pas dans une communauté, de la conscience formelle s'abstrayant de sa condition naturelle et de sa destination spirituelle, le principe d'un nouveau monde du droit, c'est prendre vainement pour le socle vrai de celui-ci ce qui n'est bien plutôt qu'un enrichissement humain phénoménal de lui-même. C'est le socle, pour l'essentiel, toujours hégélien, de notre monde qui permet le développement positif raisonnable de toute humanisation culturelle intensifiée de celui-ci. C'est bien la rationalité hégélienne qui, me semble-t-il, fait être et connaître, à travers ses manifestations les plus nouvelles, la réalité effective du monde effervescent dans lequel nous vivons. Hegel, présent. Peut-être même : encore à venir, et tel qu'en lui-même.

ÉTAT DE LA LOGIQUE
ET LOGIQUE DE L'ÉTAT

La coïncidence de deux événements peut n'être pas elle-même un événement. C'est peut-être le cas de la contemporanéité entre, d'une part, l'élaboration de la Logique hégélienne (1812-1816), et, d'autre part, l'entreprise constitutionnelle européenne qui l'a encadrée (1789-1830). Car on ne peut méconnaître la différence de durée et de rythme entre la brièveté de la constitution idéelle de la raison logique chez Hegel (quatre ans) et la lenteur de la rationalisation ou logicisation réelle de la constitution politique évoquée (quarante ans). Le résultat n'a pas non plus eu le même être. Il est catégorique dans le cas de la constitution de la Logique de Hegel, fixée sans contestation sérieuse, et dans sa vérité intérieure et dans sa vérification externe – dans le même élément de la pensée – qu'est l'effectuation revendiquée du logique dans la Philosophie du réel, plus précisément de l'esprit objectif éthico-politique. En revanche, ce résultat apparaît pour le moins problématique quand il s'agit de la rationalisation historique réelle des constitutions politiques depuis la fin du XVIIIᵉ siècle. Même si on lit cette histoire à travers un regard hégélianisant, ne doit-on pas constater qu'elle offre, au mieux, l'alternative ou l'alternance entre, d'un côté, une constitution immédiate, intuitive, de l'État en son simple être, par la consécration formelle de la volonté spontanée, naturelle, effective d'un, de plusieurs ou de tous, et, de l'autre côté, une constitution médiatisée, réflexive, de l'État en son essence, par l'entendement rivé à l'abstraction du droit –, bien plutôt que leur dépassement rationnel, ou proprement conceptuel, dans l'État concrétisé par et comme la volonté effective du droit? Comme si la constitution de l'État ne parvenait pas à réaliser le sens absolu de l'être dit par la troisième et ultime partie de la Logique ontologique de Hegel comme étant la liberté vraie de la personne. Une telle discordance entre les destins respectifs de la Logique hégélienne, prise en elle-même, et de la constitution politique en ses vicissitudes modernes et contemporaines, ne nie-t-elle pas en tant qu'événement la coïncidence, présentée par Hegel comme l'événement ultime de l'histoire, entre une raison philosophique et une raison politique dont elle marquerait le commun achèvement?

Je voudrais, dans un premier temps, rappeler le sens hégélien de l'événement en question, avant d'examiner la vérité de l'affirmation par Hegel d'un tel sens, à travers la discussion, dans un deuxième temps, d'une critique philosophante passée de la

philosophie hégélienne de la philosophie et de
l'histoire politique, et, dans un troisième et dernier
temps, d'une réflexion actuelle sur la mutation
phénoménale d'un monde politique qui dépasserait
la théorie constitutionnelle de Hegel.

*

L'accomplissement simultané de la Logique
ontologique au principe de la philosophie et de la
Constitution au principe de la politique accomplit
lui-même, pour Hegel, le lien originel de la pensée se
libérant comme philosophie et de la politique libérant
en elle l'agir des hommes : la liberté philosophique
et la liberté politique sont bien apparues en
même temps en Grèce. Elles se sont développées
ensuite de conserve dans cette auto-différenciation
immanente – et non transcendante, sous une extériorité dominante, notamment religieuse – qu'est
leur constitution, synthèse ou systématisation,
dans un cas, des pensées, dans l'autre, des actes.
A vrai dire, Hegel, en tant que penseur absolument
systématique, ne se contente pas d'un simple
parallélisme, ou même d'une simple interaction de
la philosophie et de la politique, qui supposerait
leur différence maintenue et limiterait par là leur
identification systématique rationnelle. Il fait porter
– immanence oblige – le lien réciproque de l'histoire
de la philosophie et de l'histoire de la politique par
l'un des deux termes. Mais la prépondérance alors

affirmée est elle-même, à nouveau, réciproque. En effet, puisque, pour Hegel, le sens, identification pensante, est toujours à lire d'abord dans le vécu sensible pratique originellement différencié où il s'incarne, c'est l'épreuve de celui-ci qui provoque l'opération qu'est celui-là. Et la différenciation, aiguisée en contradiction, de la vie politique, à la fois, libère d'une telle vie devenue malheureuse l'individu refoulé en sa propre intériorité pensante, et l'incite à surmonter, par et d'abord dans la pensée exigeant l'unité, la scission entre lui-même et la réalité mondaine scindée, donc celle-ci elle-même comme scindée, et c'est là la philosophie. C'est dire que la politique *conditionne* l'existence de la philosophie, laquelle, en revanche, *détermine* l'essence ou le sens de la politique.

Par le premier côté de cette relation ambiguë, la négativité mobilisante de la politique au soir de son déclin momentané libère ses agents aussi en l'exercice ainsi tardif de leur pensée. La liberté philosophique n'est qu'à réagir à la liberté politique qui lui fournit et son occasion et le matériau – la réalité qui passionne le plus l'agir humain effectif – de l'activité idéelle-idéale de la pensée s'efforçant de réconcilier d'abord en elle la situation brisée contraignante, urgente. Reprenant et développant un thème déjà présent chez Kant, Fichte et Schelling, Hegel fait alors de l'histoire politique ou étatique la base réelle de l'historicité globale de l'esprit envisagée aussi en l'apogée philosophique de sa culture. Cependant, l'auto-négation de la politique n'a un effet positif, et proprement philosophique, qu'autant qu'elle est elle-même niée par une spontanéité ou auto-position qui, en l'homme, est sa liberté essentielle, et une auto-position maîtrisant toute finitude empirique par son infinité pensante ; la liberté philosophante n'est donc pas simplement et proprement un *effet*, mais une *réaction* au monde qui l'affecte et opprime. Et c'est par et dans la pensée, auto-créatrice de sens reliant entre eux, en les approfondissant, des sens qui s'opposent dans leur réalisation superficielle première, que l'homme philosophant élabore un projet mondain réconciliateur dont il aura ensuite l'audace d'entreprendre la réalisation politique. La révolution aboutie de la pensée détermine celle du monde existant : « Une fois que le royaume de la représentation est révolutionné, la réalité effective ne peut subsister »[1] Que la construction ou constitution politique se prépare et se fonde de la sorte dans la construction ou constitution philosophique du monde de la pensée, c'est là aussi un leitmotiv de l'idéalisme allemand. Je l'illustrerai seulement par deux références à son représentant le moins disert sur la chose politique, et d'autant plus significatives. C'est bien Schelling qui déclare, dans sa première philosophie, rationnelle ou négative,

1. Hegel, *Lettre à Niethammer*, du 28 octobre 1808, in *Briefe von und an Hegel*, éd. J. Hoffmeister, I, Hambourg, Felix Meiner Verlag, 1952, p. 253.

que « la Constitution de l'État est une image de la constitution de l'empire des idées »[1], et, encore, dans sa dernière philosophie, religieuse ou positive : « S'il arrivait qu'on retirât de l'État et de la vie publique tout ce qu'il s'y trouve de métaphysique, il s'effondrerait »[2]. Mais une telle pré-détermination philosophique de la constitution du politique est intensifiée de façon décisive par Hegel.

Car, avant lui, elle n'est pas fondée en elle-même, puisqu'elle s'appuie sur la simple affirmation de rapports semblablement rationnels dans des séries de termes hétérogènes par leur contenu, lequel ne permet donc pas lui-même de les regarder l'une comme fondant l'autre. Ainsi, pour reprendre l'exemple cité, Schelling rapproche les rapports de subordination philosophique et politique à l'intérieur de séries dont les termes mis en correspondance sont de contenu aussi différent que l'absolu et le monarque, les idées et les citoyens, les choses et les esclaves. Une analogie subjectivement posée n'est pas une fondation s'imposant objectivement. Au fond, l'idéalisme allemand pré-hégélien ne dépasse pas, sur ce point, en sa portée, l'équation déjà affirmée par la pensée grecque entre le *philosophein* et le *politeuein*. Car

---

1. Schelling, « Leçons sur la méthode des études académiques », traduction J.-Fr. Courtine et J. Rivelaygue, dans *Philosophies de l'Université*, L. Ferry *et alii*, Paris, Payot, 1979, p. 125.
2. Schelling, *Philosophie de la Révélation*, I, traduction J.-Fr. Marquet et J.-Fr. Courtine, Paris, P.U.F., 1989, p. 45.

la philosophie n'est pas en lui originairement une *ontologie* laissant l'être se fonder et fonder tout être – notamment l'être politique où elle saurait avoir sa présupposition privilégiée – de par lui-même en elle, en vertu d'une nécessité immanente faisant d'elle une *logique* universelle d'un tel être. La fondation philosophique du politique ne peut s'accomplir ni dans une Logique qui n'est pas ontologique ou objective, mais transcendantale ou subjective (Kant, Fichte), ni, non plus, dans une ontologie qui n'est pas une Logique totale, mais d'emblée une philosophie, particulière, de la nature (Schelling). Hegel, seul, fait de la philosophie la science fondatrice de tout ce qui est en la constituant en une ontologie logique ou une logique ontologique capable de s'imposer comme auto-fondation du politique en tout son être, aussi bien réel-existant qu'idéel-essentiel. La logique spéculative se fait bien en lui la logique de la politique effective.

C'est pourquoi ce sont des raisons logiques qui sont avancées par Hegel dans sa philosophie du droit, en tant, plus spécialement, que philosophie de l'État, lorsqu'il s'agit de déterminer la Constitution de celui-ci, c'est-à-dire le droit étatique interne. Cette Constitution est la différenciation organisatrice de l'identité à soi de la volonté souveraine de l'État en des pouvoirs exprimant et articulant entre eux les moments essentiels de l'actualisation de cette volonté. Une telle auto-différenciation de l'identité à soi – une telle rationalité – du vouloir politique peut d'autant plus être déterminée logiquement que, dans sa troisième et ultime partie, où l'être est pensé en sa vérité conceptuellement, la Logique établit cet être *in fine* comme personnalité ou subjectivité achevée dans la volonté s'auto-déterminant ou libre. Aussi bien, les trois pouvoirs de la Constitution véritablement rationnelle sont-ils la politisation des trois moments du concept : l'universalité dite comme législation, la particularité comme gouvernement, et la singularité comme le prince incarnant la souveraineté de l'État. Ce ne sont pas davantage des « raisons » purement positives relevant de l'entendement appliqué à l'empirie qui justifient la singularisation physique, voire naturelle-native, donc héréditaire, du pouvoir monarchique constitutionnel, mais – Hegel y insiste – le lien conceptuel du Soi logique et de l'être naturel. C'est ce qui l'amène à récuser, comme contenu de la vérité dernière de l'histoire politique, ce que l'entendement contemporain regardait comme la Constitution la plus achevée, celle qui faisait se vérifier le pouvoir législatif dans le pouvoir suprême du juge. Il est vrai que le concept logique structure aussi, selon Hegel, la réalisation historique de la raison pratique ou liberté concrète, et rend compte – comme de ses échecs prématurés, tel celui de la Constitution imposée à l'Espagne par Napoléon – de la persistance actuelle de ses Constitutions abstraites. Ainsi, à tous égards, le concept apparaît bien, chez Hegel, le souverain vrai de la Constitution politique

*

C'est précisément une telle affirmation de la toute-puissance du concept, revendiquée encore dans ses dénégations par l'expérience politique, donc dans l'absolutisation de l'*a priori* logique, que refuse, au nom de la réalité concrète de l'histoire, élément immédiat de la politique, le jeune Marx, dans la Critique de l'État hégélien qu'il rédige en 1843. La juxtaposition des deux expressions croisées : l'État de la Logique et la Logique de l'État, ou : la Constitution du Concept et le Concept de la Constitution, que la thématique de la présente discussion mobilise programmatiquement, figure bien dans le texte en question, où Marx, déjà, comme il le fera jusqu'au bout, hégélianise dans la forme de son discours au contenu d'emblée anti-hégélien. Les propos incisifs et brillants en sont bien connus. Marx oppose à la Constitution du concept hégélienne, qui dissout la réalité de la Constitution dans l'idéalité du concept, le concept de la Constitution, qu'il veut élaborer empiriquement en lui conférant la réalité objective historique de celle-ci. A la réalisation politique fictive, mystifiante, de la Logique universelle car purement idéelle, il veut substituer la logique réelle, particulière, de l'objet particulier, car réel, qu'est la vie politique. Mais la récusation marxienne – encore extérieure – du choix logico-idéaliste de Hegel se veut aussi une réfutation de l'intérieur, au nom même de la raison revendiquée par

Hegel et de son principe de non-contradiction. Car la démarche de Hegel apparaît bien contradictoire, en ceci qu'il prétendrait, selon Marx, « déduire », c'est-à-dire poser *a priori*, à partir du contenu logique, les premiers linéaments de l'État, dits rationnels, qu'il ne peut pourtant, en leur contenu extra-logique, proprement politique, qu'emprunter à l'expérience du politique, par une abstraction qui leur enlève leur signification effective. La double négation par Hegel de la rationalité et de la réalité dont il proclame spéculativement l'identité annulerait comme événement *hégélien*, et, alors, comme événement tout court, la contemporanéité de la clôture logique de la philosophie et de la constitutionnalisation par elle avérée de l'État. Le véritable événement historique selon Marx serait la contemporanéité de l'engagement conscient de la révolution sociale de la constitution politique, et de la libération réelle, grâce à lui, de la pensée à l'égard de sa mystification logico-philosophique.

Tel serait l'événement *marxien* de la coïncidence anti-hégélienne de la pensée s'étant constituée en sa vérité et de la Constitution s'étant avérée en sa réalité. Mais il n'a pas été confirmé historiquement, comme devait le manifester et comme l'a manifesté le destin politique ultérieur du marxisme. L'histoire que Marx invoquait comme le juge condamnant la philosophie hégélienne, notamment du droit, s'est révélée avoir été alors, non pas l'histoire réelle, mais l'idée qu'il se faisait de l'histoire.

Une idée dont la vérité n'était nullement établie par la fragilité dénoncée par lui de la pensée de Hegel. Cette dénonciation, en effet, n'a guère de pertinence. Je voudrais rapidement le montrer par des considérations dont la finalité est surtout de préciser et d'approfondir la justification hégélienne de la fondation logique de la vérité constitutionnelle achevée de l'État.

Il faut d'abord rappeler que, pour Hegel – cet « Aristote des temps modernes » – le recours, et primaire, à l'expérience la plus immédiate, sensible, non seulement ne contredit pas la raison spéculative, mais est justifiée par elle en son absolue nécessité puisque rien ne nous parvient si ce n'est de manière extérieure. Tout sens, même en son contenu le moins sensible, est découvert d'abord sensiblement ; l'absolu se révèle en s'incarnant, le vrai apparaît. Bien plus, parce que ce qui apparaît, c'est le vrai, et que celui-ci s'avère en se développant dialectiquement, et non déductivement, ainsi que se méprend Marx – c'est-à-dire en posant nécessairement (analytiquement) son être concret (synthétique) en tant que négation du non-être qu'est son abstraction originelle, sa logicité ou idéalité native –, la forme conceptuelle, en obéissant à sa propre loi, se dépasse néanmoins en se réalisant naturellement et spirituellement, notamment politiquement, dans un contenu nouveau. En sa générosité ontologique, le concept hégélien est bien le sculpteur de tout ce qui est et existe. Il y a bien une compétence universelle, particulièrement politique, et plus précisément constitutionnelle, du concept. L'événement hégélien sort par là renforcé de l'épisode critique marxien. Mais c'est l'histoire post-marxiste réelle, en l'actualité du droit politique effectif, qui semble mettre en question l'affirmation d'un tel événement.

*

Si la rationalité de la Constitution politique – qui se prouve par la possibilité même de la fondation conceptuelle de cette Constitution – se fonde sur son pouvoir d'assurer l'organisation cohérente, l'identification déterminée des différents moments de la vie politique réelle, ne doit-on pas mettre en doute la vérité revendiquée de la théorie hégélienne, alors que celle-ci semble bien débordée par l'actualisation mondiale de celle-là? La mondialisation essentiellement sociale, objectivement : technico-économico-financière, subjectivement : culturelle, ne fait-elle pas craquer en ses deux aspects, extérieur et intérieur, la constitution politique foncièrement nationale de l'État, et, du coup, d'ailleurs, tout l'édifice du droit politique hégélien, qui présuppose l'État-nation classique accompli? L'interdépendance croissante sociale des économies auparavant nationales et désormais soumises, comme à un destin, à leur unité mondialisée, semble ne plus pouvoir être maîtrisée par les États existants, et ne pas pouvoir l'être encore, et sans doute jamais, par un État mondial auquel pourrait être attribué, d'ailleurs contre la conviction de Hegel, le modèle étatique rationnel proposé par celui-ci. Une telle irréalisation, du fait de l'impossibilité d'une transposition du national à l'international, enlèverait toute vérité à la philosophie hégélienne de l'équation du rationnel et du réel au niveau de l'existence politique et annulerait l'événement hégélien alors révélé, cette fois-ci, par la réalité historique la plus actuelle, comme purement prétendu.

La mondialisation en cours, non originellement politique, paraît bien susciter et manifester le caractère obsolète du droit international tel que Hegel l'avait fixé comme droit ayant pour sujets les États-nations. Elle fait se multiplier les acteurs de ce droit, acteurs institutionnels, créés par les États, qu'ils soient universels (de l'Organisation mondiale du commerce à la Cour pénale internationale) ou particuliers (Union européenne, Cour de justice des communautés européennes Cour européenne des Droits de l'homme...), ou acteurs non institutionnels simplement acceptés ou tolérés par les États (Organisations non gouvernementales...). Intervenant dans des domaines – économique, juridique, culturel – non proprement politiques, mais gérés dans, et donc, au fond, par les États, ils en concurrencent l'autorité, et, à travers une « gouvernance » mondiale qu'ils font émerger de leurs réseaux, ils revendiquent la valeur supranationale de cette intervention intra-nationale. Ils limitent ainsi de fait la Constitution de l'État en fragilisant en eux-mêmes et en désarticulant les pouvoirs internes de celui-ci[1]. L'objectivité structurelle et fonctionnelle de ces pouvoirs, expression univoque et stricte de la souveraineté prescriptive hiérarchisée de l'État, est pour le moins relativisée par le subjectivisme consensuel d'un droit complexe interprétatif et moralisant déjà à l'œuvre dans l'auto-examen déstabilisant, au nom des Droits de l'Homme, de la Constitution et de l'édifice qu'elle fonde. La constitutionnalisation ainsi entendue du droit politique soumet les pouvoirs alors complétés et infléchis, en particulier le pouvoir législatif de la voix du peuple, au contrôle du juge constitutionnel, en risquant de créer une tension au principe même de l'État, entre celui-ci et le droit[2]. C'est ainsi dans une profonde remise en question de la synthèse étatique hégélienne que le droit politique contemporain s'emploie à maîtriser l'interdépendance complexifiée de la vie sociale mondialisée par une gouvernance nationale, internationale et supranationale souple reposant sur la mise en réseau mobile de compétences et responsabilités multipliées.

---

1. Je renvoie, sur ce point, à l'ouvrage de M. Delmas-Marty, *La refondation des pouvoirs*, Paris, Le Seuil, 2007.
2. Voir D. Terré, *Les questions morales du droit*, Paris, P.U.F., 2007.

Cependant, force est de constater que ni la réalité ni sa pensée n'affirment un État mondial unique, dont l'unité vraie serait non seulement objective, c'est-à-dire organisationnelle, mais aussi subjective comme communauté alors universelle de type national advenue dans les lenteurs de l'histoire – Hegel soulignait lui-même que la Constitution rationnelle repose nécessairement sur une vie « éthico-politique » historiquement accomplie. C'est pourquoi la compénétration croissante du droit étatique *stricto sensu* et d'un droit plus malléable extra, infra, supra-étatique est, au fond, portée, toujours, comme par son alpha et oméga, par le premier, puisque la force réalisante du droit, essentielle à lui en tant même que droit, reste nationale-étatique. Le droit, en toute sa transformation actuelle ou post-moderne, reste – en sa fondation réelle exigée par lui – hégélien. Qu'il doive mobiliser, dans le contexte mondialisé socio-économico-culturel, un contexte juridico-politique lui-même mondialisant, ne requiert en rien l'abandon des principes élaborés par la raison hégélienne.

A l'intérieur de lui-même – tout comme à l'extérieur de lui, aspect que je ne puis que citer en passant –, l'État hégélien tient le plus grand compte de la société civile, en son opinion et en son propre labeur, et cela, en reconnaissant sa vocation cosmopolitique, lui qui sait n'en avoir pas. Mais si cette société, à la fois libérale et solidaire, participe de manière diverse à l'activité politique (par exemple à travers l'auto-gestion communale et l'élection parlementaire), c'est en se dépassant politiquement elle-même selon l'ordre rationnel rigoureux du droit étatique, et non pas dans une détermination sociale du politique. – Quant à un débordement étatique fondationnel de la Constitution rationnelle de Hegel, il n'est pas sûr qu'il renvoie celle-ci à un passé contingent. Ainsi, l'existence d'une Cour constitutionnelle qui, en assurant la confirmation de soi réflexive de la souveraineté, ferait mieux se maîtriser les trois pouvoirs comme simples moments du tout de l'État, apparaît bien comme le transfert à une instance collégiale de la responsabilité totalisante confiée par Hegel à l'un des pouvoirs déjà existant, celui du Chef de l'État. Si chaque pouvoir doit affirmer en son exercice les autres pouvoirs, donc le tout de l'État, c'est le monarque constitutionnel, intervenant aussi dans le gouvernement et la législation en tant que décideur ultime, qui semble, comme Un, le plus capable d'être le gardien de la souveraineté une de l'État. On peut contester la solution hégélienne – comme Hegel récusait la Constitution américaine –, mais non prétendre l'avoir dépassée en radicalisant la problématique à laquelle elle répondait. Les débats présents n'ont pas rendu inactuelle la philosophie de Hegel.

*

La réalité contemporaine du droit public n'invalide donc pas la concrétisation politique de l'ontologie rationnelle de Hegel, par ailleurs déterminée par sa Logique du concept ou de la liberté. Celle-ci, au demeurant rejetée ou ignorée de façon multiforme par la pensée de notre temps, n'a guère été réfutée à son propre niveau. Et la coïncidence justifiée par Hegel de l'accomplissement de la logique ontologique et de celui de la politique n'a pas elle-même été supplantée ultérieurement par une autre. Puisque, au surplus, son idée même n'a pas été disqualifiée, que je sache, de façon rationnelle, de quelque manière qu'on entende la raison, comme déraisonnable, on est, me semble-t-il, parfaitement autorisé à la regarder comme un événement marquant de la culture moderne, une culture dont Hegel, qui a pensé cet événement, peut et doit rester un moment destinal privilégié.

LA FIN DE L'HISTOIRE :
DE FUKUYAMA À HEGEL

Il y a une histoire du thème de la fin de l'histoire. L'affirmation d'une telle fin est d'abord théologique chez saint Augustin, qui voit en elle la réalisation chrétienne-ecclésiale de la « cité de Dieu », advenant à la vie éternelle. Le *Discours sur l'histoire universelle* de Bossuet, en faisant se développer cette histoire religieuse, sainte, dans l'histoire profane des empires, ouvre la voie à la philosophie proprement dite de l'histoire, qui se libérera au XVIIIᵉ siècle. Son apogée, chez Kant et, surtout, chez Hegel, reprendra bien, laïcisée, la conjonction théologique de la fin comme sens finalisé, téléologique, de l'histoire humaine, et de la fin comme terme ou clôture de celle-ci. Kant et Hegel, pourtant progressistes comme hommes des Lumières, affirmeront, assurément selon une signification et une importance différentes, mais l'un et l'autre sans hésiter, que 1) l'histoire a, en son sens universel, un terme, et que 2) ce terme, c'est maintenant, cette dernière affirmation ne laissant pas, pour nous – qui ne sommes peut-être pas véritablement parvenus jusqu'à eux – d'être surprenante, voire insensée, comme si l'on pouvait arrêter le progrès !

Cette affirmation, que nous sommes aujourd'hui à la fin de l'histoire, a cependant été reprise de Hegel, vers le milieu du XXᵉ siècle, notamment, en France, par Alexandre Kojève et Éric Weil. Mais elle est devenue un thème culturel, mondain même, vers la fin de ce siècle, lorsque – l'« esprit du monde » dont parlait Hegel fait bien les choses ! – un Japonais américanisé est venu boucler la grande journée de l'histoire, qui va de l'Extrême-Orient à l'extrême Occident, en proclamant en 1992, dans son livre *La fin de l'histoire et le dernier homme*[1], que l'histoire humaine était désormais close. Puisque Francis Fukuyama caractérise alors cette fin de l'histoire par le règne définitivement établi de la démocratie et que c'est donc par lui qu'un tel thème a reçu son droit à être hébergé dans le présent Colloque sur « la fin de la démocratie », c'est avec lui que j'inaugurerai mon propos.

Dans un premier temps, j'examinerai et apprécierai les motivations et raisons de l'affirmation du diplomate philosophant : je serai alors conduit, par les interrogations que suscite celle-ci, à évoquer celle du penseur qui l'a inspiré, Kojève, pour finalement considérer que leur maître premier

---

1. F. Fukuyama, *La fin de l'histoire et le dernier homme*, trad. fr. D. A. Canal, Paris, Flammarion, 1992.

avait vu plus juste qu'eux. La deuxième partie de l'exposé qui va suivre sera donc consacrée à la théorie proprement hégélienne de la clôture actuelle de l'histoire ; je dis bien « actuelle » car le monde historique dont Hegel a dit qu'il était le dernier me semble être encore le nôtre. Ce qui trouvera une confirmation supplémentaire – et telle sera la teneur d'une troisième et ultime réflexion – en ceci que le monde présent, en son contenu post-hégélien lui-même, me paraît pouvoir être pensé encore grâce à Hegel.

*

Dans son ouvrage de 1992, Fukuyama se rattache, quant à son exploitation du thème de la fin de histoire, à Hegel, par l'intermédiaire de Kojève. Un Kojève qui, dans la puissance de son abstraction philosophique, avait, dès l'avant-guerre, en ses célèbres conférences à l'École pratique des Hautes Etudes, proclamé une telle fin de l'histoire déjà à l'œuvre à travers ce qui semblait la démentir radicalement, à savoir le conflit mondial entre le capitalisme et le communisme. Dans ce conflit, qui paraissait bien plutôt intensifier l'incertitude la plus ouverte de l'histoire – comme menace de la fin nucléaire du monde lui-même portant l'histoire –, Kojève lisait la fin de celle-ci dans un monde essentiellement conservé. Car, pour lui – qui voyait dans Hegel déjà Marx – le capitalisme était déjà en soi le communisme, dans leur commune concrétisation de l'État social homogène (héritier de la Révolution française destructrice des ordres inégaux) et universel (héritier de l'Empire napoléonien fixant cette Révolution). La chute du communisme allait bientôt supprimer réellement la différence – idéellement annulée par Kojève – entre le conflit apparent et la réconciliation essentielle du capitalisme et du socialisme, et par là vérifier la thèse kojévienne, même en inversant son contenu, puisque c'est le capitalisme qui absorbait le socialisme. Le cours de l'histoire parut de la sorte, en 1989, deux siècles après la révolution relativisée par Marx comme simplement bourgeoise, avérer mondialement la vérité universelle de son résultat : le monde se réconciliait dans le triomphe de la démocratie libérale. Fukuyama proclama cet événement comme la fin de l'histoire.

C'est d'abord en historien – et non pas en philosophe ou métaphysicien (même athée ou matérialiste) comme Kojève – que Fukuyama déclare finie l'histoire des hommes. Il fait d'une telle déclaration la conclusion d'un long et impressionnant bilan objectif et positif de l'histoire parcourue en toutes ses dimensions : scientifique, technique, économique, sociale, politique, culturelle. La démocratie libérale, issue notamment des grandes révolutions de la fin du XVIIIe siècle : la Révolution américaine et la Révolution française, se montre, au terme de ce parcours, comme le régime qui se fortifie et se répand le plus dans le monde. Les autres régimes qu'elle : la démocratie non libérale, le libéralisme non démocratique, sans parler de ses négations dictatoriales, fascistes, collectivistes, nationalistes, de toutes sortes, n'ont pas pu se maintenir durablement, confirmant par leur échec que seule cette démocratie libérale pouvait assurer la paix intérieure et extérieure des États : « A la fin de l'histoire, il ne reste aucun rival idéologique sérieux à la démocratie libérale »[1]. Son côté libéral est l'exploitation socio-économique du développement techno-scientifique apparemment sans fin essentiel à la modernité, qui satisfait les besoins de l'homme en tant qu'être naturel. Son côté démocratique, lui aussi pris dans le progrès, répond à l'exigence de l'homme en tant qu'être libre.

Mais l'histoire, accueillant la différence de ces deux progrès, qui ne vont pas toujours ensemble, et laissant exister à diverses reprises des États se contentant de pratiquer seulement l'un ou l'autre des moments de la démocratie libérale, révèle leur altérité et, donc, la contingence de leur liaison, ce qui rend problématique l'affirmation de la nécessité essentielle de celle-ci, impliquée par la thèse de la fin de l'histoire. La fondation d'une telle thèse exige alors la *pensée* du lien de la nature besogneuse ou désirante et de la liberté en son exigence de soi comme essentiel à l'homme pris en son essence

---

1. F. Fukuyama, *La fin de l'histoire et le dernier homme*, p. 245.

ou nature, c'est-à-dire le passage de l'enquête historique à la considération métaphysique. C'est ce que fait Fukuyama : « Il paraît... inévitable que nous devions passer d'un examen de l'histoire à un examen de la nature [c'est-à-dire, ici, de l'essence], si nous devons traiter à fond la question de la fin d'histoire »[1].

Mais, alors, Fukuyama ne se contente pas de la métaphysique simplement formelle qui consacre le physique ou le naturel de l'homme en lui faisant engendrer la dimension proprement humaine, libre, de cet homme, comme c'est le cas dans la tradition moderne, hobbésienne et lockienne, de la philosophie politique, laquelle, au fond, voit dans le politique un effet et moyen de l'économique. Fukuyama rejette la réduction marxiste de la politique à l'économie et s'écarte en cela de Kojève. Il est vrai que celui-ci logeait déjà Marx dans Hegel, en l'enrichissant comme Hegel achevé. C'est pourtant ce Hegel ainsi kojèvianisé qui fournit à Fukuyama l'instrument conceptuel qui lui permettra de fonder l'affirmation d'une histoire achevée de l'homme dans celle d'une existence essentielle déjà survenue de cet homme.

Le Hegel reconstruit par Kojève, décapité théologiquement, est en effet celui qui fait se créer l'homme comme homme absolument par lui-même, dans le geste anthropogène unique et un par son sens, totalisant donc en soi, clôturant virtuellement

1. F. Fukuyama, *La fin de l'histoire et le dernier homme,* p. 169.

la suite de son existence, par lequel, dans sa relation aux autres hommes (le seul Autre réel pour lui, suivant le jugement athée), il nie sa nature et risque sa vie (et toute l'économie qui la sert) pour se faire reconnaître comme libre (et en cela maître du politique) par les autres qui, d'abord, n'osent pas encore faire comme lui. Fukuyama célèbre alors Hegel dans les pas de Kojève, comme le penseur de l'auto-création immanente, donc absolue, de l'homme proprement dit dans la lutte pour la reconnaissance, le vrai moteur de toute l'histoire puisque le triomphe, dans la nature même, de la liberté sur la nature, assujettit en vérité l'économie (qui se dit elle-même, à juste titre, politique) à la politique.

La reconnaissance de la liberté d'un homme n'ayant de valeur pour lui que si elle émane d'une autre liberté, il n'y a de vraie reconnaissance que réciproque, et, puisque chaque homme peut rencontrer tout autre homme, qu'universelle. C'est l'exigence, impliquée par la liberté, de l'universalisation de la reconnaissance interhumaine, qui meut tout le processus historique : chaque homme lutte pour la liberté, c'est-à-dire pour la dignité, de tous, bien loin que tous, d'abord, luttent pour le besoin ou le désir de chacun, c'est-à-dire son bonheur. Or, la liberté qui ouvre l'histoire étant un absolu, l'État universel et homogène à la réalisation duquel est ordonnée cette histoire est l'objet d'une affirmation elle-même absolue, et donc, du même coup, la fin d'une telle histoire aussi. La démocratie libérale, qui est pour Fukuyama le contenu de cette fin, est par conséquent l'ultime objet du vouloir humain, un objet qui est à la mesure de celui-ci, qui est réalisable comme celui-ci est réel. Certes, de même que Kojève et d'abord Hegel, Fukuyama reconnaît que la réalisation de la fin de l'histoire comme processus d'invention de nouvelles et fondamentales structurations politiques de la coexistence humaine ne signifie aucunement la fin des vicissitudes empiriques de cette réalisation. Cependant, il considère que ce en quoi Kojève fait reposer l'accomplissement essentiel du monde, comme auto-création de l'homme, à savoir la lutte pour la reconnaissance – foyer originaire, à ses yeux, du système de Hegel – impose la clôture de l'histoire en son sens.

Et pourtant! ou, comme aurait dit Kojève : « Mais voilà! ». En effet, une interrogation se lève dans le livre de Fukuyama. Et si l'homme n'était pas absolument lié à son absolu immanent, à l'Homme s'affirmant en lui à travers la lutte pour la reconnaissance! Qu'une telle interrogation s'élève, ce n'est possible que si le statut dans l'homme du pouvoir de s'humaniser pleinement le permet, pour autant que ce pouvoir n'est pas son pouvoir absolu. Or, l'anthropologie fukuyamienne le permet effectivement parce qu'elle est celle d'un homme essentiellement, originairement, multiple, à la différence de l'homme kojèvien et, *a fortiori*, de l'homme hégélien. Et cette division du contenu de la théorie élaborée par le diplomate philosophant correspond à celle qui affecte aussi la forme ou démarche, assez éclectique, de sa propre pensée. Il faut bien convenir que celle-ci n'a pas la rigueur architectonique de la pensée de ses inspirateurs !

Hegel fonde l'histoire humaine, ainsi que sa clôture, sur la raison absolue qu'est l'être, comme esprit qui se naturalise et humanise en maîtrisant cette manifestation de lui-même. Kojève la fonde sur la liberté s'auto-posant absolument en niant de façon décisive la nature. Fukuyama, lui, exploitant à sa manière le thème platonicien de la tripartition native de l'âme, la rattache au *thymos*, le cœur ou courage viril, situé par essence – ce qui le rend conditionné et donc relatif – entre la nature besogneuse ou désirante et la raison. La première subsiste alors, indépendante, à côté du thymos humanisant ou libérant – à la différence de ce qui se passe chez Kojève et Hegel, tandis que la dernière, non substantielle ou divine – à la différence de ce qu'il en est chez Hegel, comme déjà chez Platon –, si elle ne commande certes pas au thymos, peut, en son humanité simplement formelle, se mettre, contre lui, au service du besoin et désir naturel.

C'est bien ce que la raison fait dans la culture, cette nature rationalisée qui reste une nature, la seconde nature. Comme telle, la culture ne s'élève pas à la liberté universalisable et, limitant par là la raison qui la sert, se complaît dans l'irrationalité particularisante de la religion ou du nationalisme :

la culture fait ainsi obstacle à la politique vouée, en son sens vrai, à la réalisation de l'État universalisable de la démocratie libérale. Fukuyama s'attarde sur l'obstacle à cette réalisation, c'est-à-dire à la fin de l'histoire, que constitue la non-correspondance entre les États, en tant que tels, et les peuples, définis par leurs cultures, ainsi dans le monde islamique. Certes, il pense qu'à la longue, à la fin, le libéralisme démocratique exigé par le thymos aura raison des religions despotiques et des nationalismes, mais l'espoir remplace la certitude assurée. Ersatz au fond inutile, car le théoricien vacillant de la fin de l'histoire bute sur un obstacle encore plus redoutable à celle-ci, car il réside à l'intérieur même de l'affirmation thymique de la liberté humaine.

La réalisation de la démocratie libérale, c'est-à-dire de la reconnaissance mutuelle universelle à travers laquelle l'homme s'accomplit en s'affirmant libre, devrait le satisfaire pleinement et par là arrêter sa quête historique de lui-même. Or 1) cette satisfaction totale ne signifierait-elle pas l'arrêt de l'action sur soi libératrice et son renversement dans le repos déshumanisant de l'être ? et 2) la reconnaissance universelle y conduisant peut elle-même ne pas conduire à la vie réconciliée avec soi, une, qu'est une telle satisfaction, pour autant que, égalisation des libertés, elle nie l'affirmation, qui grandit, de la liberté, par celle, qui nivelle ou rabaisse, de l'égalité. Fukuyama insiste sur cette contradiction impliquée par la démocratie libérale, qui, finalement, sacrifie la liberté à l'égalité, tout en cherchant à ménager des exutoires à l'exigence mégalothymique de l'élan libérateur dans l'ennui isothymique de la démocratie : émulation de la vie associative, compétition des entreprises, concurrence sportive, voire stimulation guerrière.

Ce que Kojève avait évoqué – le snobisme à la japonaise à travers le concours du meilleur thé ou du plus fin bouquet – dans une sorte d'humour envers lui-même apologiste de la fin de l'histoire, Fukuyama le prend tellement au sérieux, voire au tragique, qu'il assimile l'Homme de cette fin au « dernier homme » de Nietzsche : le titre de son livre est bien « La fin de l'histoire et le dernier homme » ! L'éclectisme fukuyamien éclate dans cette identification inouïe du salut hégélien et du nihilisme nietzschéen. Il avoue pour finir qu'aucun régime ne semble en mesure de satisfaire l'homme, et l'ultime ligne dudit livre évoque la possibilité, pour l'humanité parvenue à ce qu'on croyait son terme, « de repartir pour un nouveau et plus long voyage ». Ce n'est pas Fukuyama qui est le vrai penseur de la fin de l'histoire.

*

Ce n'est pas chez Kojève non plus qu'on peut vraiment le trouver. Certes, l'affirmation kojèvienne de la fin de l'histoire est, elle, une affirmation ferme. Pour Kojève, l'ennui qui peut envahir l'Homme satisfait de l'État universel homogène, pour ne pas parler des contrariétés éprouvées par les citoyens des États capitalistes ou socialistes, n'est qu'une négation subjective donc contingente, au fond irréelle, de la situation objective, proprement historique, de la fin de l'histoire ; même le conflit mondial des deux blocs n'est qu'une négativité superficielle ne compromettant en rien la structuration générale du monde socio-politique moderne, déjà là, en soi, dans l'État robesperriste-napoléonien théorisé en son accomplissement par Hegel. Mais on voit que l'histoire en sa fin est ainsi définie par Kojève d'une façon tellement large et lâche qu'on peut y loger les plus grandes fractures historiques : il affirme avec détermination le concept abstrait, en cela indéterminé, d'une fin d'une histoire elle-même abstraite de sa réalité ou détermination empirique. C'est chez Hegel – un Hegel appauvri et tronqué, il est vrai avec un génie inégal, par Kojève et Fukuyama – que l'on trouve l'affirmation réelle de la fin réelle de l'histoire réelle.

C'est l'histoire la plus empiriquement, c'est-à-dire intégralement, recueillie que, en la pensant subjectivement, en son traitement, et objectivement, en son contenu, de façon rationnelle, Hegel déclare finie. Il considère, comme le feront après lui Kojève et Fukuyama, qu'elle est close pour autant que la coexistence objective – socio-politique – des hommes est pleinement totalisée, réconciliée avec elle-même, en ses diverses dimensions, de telle sorte que, dans leur monde, ils sont et se savent vraiment chez eux, ce qui signifie, pour Hegel, libres. Mais, alors que Kojève et Fukuyama vont loger le moteur de l'histoire dans le couple nature-liberté (désir-vouloir), défini essentiellement sans référence à une raison principielle (Fukuyama) ou à une raison principielle absolue (l'athéisme kojèvien), Hegel fait de la raison comme principe absolu, divin religieusement parlant, de tout ce qui est, aussi, en particulier, le moteur de l'histoire universelle, dont le contenu socio-politique, qui ne l'épuise pas, fait une dimension seulement relative, subordonnée, de l'existence humaine.

Deux conséquences s'ensuivent quant à la thèse hégélienne de la fin de l'histoire. 1) Le philosophe actualisant une telle raison lui fait absolutiser son affirmation de cette fin, surmontant par là les hésitations fukuyamiennes. 2) Surtout, quant au contenu de cette affirmation, la dialecticité de cette raison logeant l'être vrai de chacune de ses déterminations essentielles dans sa totalisation, garantie de son auto-suffisance, seule capable de faire être ses aspects partiels ou finis, par là en eux-mêmes contradictoires et donc par eux-mêmes voués au non-être, rend nécessaire l'accomplissement final de la vie socio-politique constitutive de l'histoire, tout en rendant aussi nécessaire son dépassement dans l'être absolu, qui excède sa détermination historique. Il faut développer ce double statut de la fin de l'histoire dans le contexte du rationalisme absolu de Hegel.

D'abord, à la différence de Fukuyama, qui justifie comme fin de l'histoire un état du monde accueilli *factuellement* et explicable par une essence humaine déclarée telle *immédiatement*, donc à travers une double contingence de son affirmation, Hegel la fait s'engendrer suivant une dialectique nécessaire de la raison de l'être, comme imposée par toute la systématisation de celle-ci, envisagée, pour commencer, en son sens logico-ontologique, puis en sa réalisation naturelle et spirituelle. Cette fondation systématique absolue régit aussi le déploiement interne de la fin socio-politique de l'histoire. Au lieu d'être saisie simplement dans la différence, voire l'opposition de ses divers côtés ou moments : par exemple le socio-économique et le politique, ou l'égalité et la liberté, la fin de l'histoire est consolidée comme un tout organiquement hiérarchisé de ces moments.

Ensuite – et alors Kojève, qui échappe à cette première insuffisance de l'exposition de Fukuyama, est, lui aussi, en position de faiblesse par rapport à la thèse hégélienne – l'insertion de l'existence socio-politique ou historique dans l'existence spirituelle intégrale de l'homme, qui n'est pas réduite, chez Hegel, en sa culmination appelée par lui l'« esprit absolu », à une simple production de l'histoire, préserve la fin de celle-ci de se nier dans la liberté désœuvrée. Car elle maintient et intensifie même, en l'homme, son intérêt, en le fixant sur la tâche suprême de s'infinitiser dans la vie absolue de l'art, de la religion et de la philosophie. Elle fait par là accepter par l'homme la fin objective de l'histoire comme son ancrage mondain optimum libérant toute son énergie en vue de son accomplissement spirituel intégral. En son statut ainsi relativisé, l'histoire finie est ainsi affirmation absolue de soi. Mais la parfaite détermination, délimitation ou limitation de son contenu hégélien est, elle aussi, affirmée catégoriquement, absolument.

Hegel limite dans son contenu l'histoire en tant qu'il la dit finie, de telle sorte que son immersion dans l'histoire en tant qu'elle se poursuit ne peut compromettre son arrêt, en raison même du sens fondé de leur rapport. Kojève, lui, néglige ce problème puisque la différence qui, comme mondiale, à son époque, pourrait relancer l'histoire en invalidant l'affirmation hégélienne, n'en est pas une, et les événements de moindre mondialité sont, pour lui, *a fortiori*, encore moins dignes d'intérêt. Quant à Fukuyama, s'il distingue, en les prenant l'un et l'autre au sérieux, le sens universel fini de l'histoire et son tissu particulier pris dans l'infinité empirique, il ne propose pas de lien dynamique intelligible entre ces deux aspects, qui restent juxtaposés éclectiquement, dans l'incertitude préoccupante de leur destin. Il en va tout autrement chez le penseur spéculatif.

Car il fait s'extérioriser le sens intérieur universel, dans les singularités purement sensibles, spatio-temporelles, de la première nature, comme des figures particulières, signifiantes mais factuelles et contingentes, de la seconde nature qu'est l'histoire socio-politique en sa réalité empirique, l'esprit objectivé ou objectif que Hegel appelle aussi le droit. Il justifie ainsi ontologiquement la réalisation empirique du sens de l'histoire, mais aussi, parce que la seconde nature reste une nature, la présence et persistance, dans l'histoire, du négatif, de l'irrationnel ou du mal lié à la naturalité. Cependant, parce que l'impuissance de la nature ne peut compromettre la puissance de l'esprit, il sait que le sens universel de l'histoire, qui exige sa fin, ne peut être essentiellement affecté par celle-là. La réalisation empirique du sens universel de l'histoire est longue et tâtonnante, mais sa structuration rationnelle, qui comprend la fin de celle-ci, est définitive lorsqu'elle s'est manifestée une fois à l'esprit. Aucune structure à la fois nouvelle et fondamentale de la vie socio-politique ne peut plus enrichir l'histoire. L'histoire universelle comme histoire de l'universel une fois pensé en sa vérité par l'esprit humain philosophant est bien finie. L'auto-négation de la négation marxiste de cette thèse hégélienne en a été l'exemplaire illustration. Elle l'a été à son époque. Mais d'aucuns jugent que l'histoire post-marxienne elle-même invalide le débat Marx-Hegel et, donc plus radicalement que Marx ne l'avait fait, la thèse même de Hegel. Il convient donc, pour juger ce jugement, de rappeler brièvement le contenu hégélien de la fin de l'histoire.

La structuration définitive de l'existence socio-politique réalise, suivant Hegel, les deux exigences de la liberté comprise comme être-chez-soi des sujets individuels dans leur totalisation étatique substantielle, à savoir que, d'une part, ceux-là s'affirment dans celle-ci, qui, d'autre part, s'affirme d'abord en eux. L'État politiquement fort doit donc leur ménager, dans la sphère où s'exerce sa responsabilité, une activité socio-économique dynamisante, mondialisante en son élan, où ils puissent s'affirmer comme hommes, l'impératif de la solidarité ne devant pas y compromettre le principe de la libre initiative. La force de l'État rationnel, contrôleur libéral de l'activité économique, se montre aussi dans l'organisation constitutionnelle de ses pouvoirs propres : le pouvoir médian de l'administration – d'esprit aristocratique – est limité, à la base, par le pouvoir – d'esprit démocratique – des citoyens participant à la législation et à l'autogestion de leurs diverses collectivités, et, à la cime, par le pouvoir suprême – d'esprit monarchique – de la décision du chef de l'État. Cette force peut alors d'autant plus s'exercer dans la société internationale des États, où l'impossibilité d'un État universel des États laisse à la seule et simple collaboration à jamais problématique de ceux-ci la gestion de leurs relations toujours potentiellement polémogènes.

Telles sont les déterminations hégéliennes de la fin de l'histoire, dont il s'agit, pour terminer, d'apprécier l'actualité : leur systématisation en fait

bien autre chose que le tableau de l'ultime démocratie libérale proposée par Fukuyama. La fondation
d'une telle systématisation sur les exigences organiquement nouées de l'ontologie rationnelle de la
vie socio-politique arrachent sa vérité à la stricte
conformité à notre actualité de sa lettre positive
proprement hégélienne, comme telle datée, et la
lient plus profondément à son sens conceptuel
essentiel.

*

Ma thèse – car le jugement sur le sens essentiel du
monde actuel n'est pas un pur constat empirique –
est que ce monde confirme le contenu socio-politique présenté par Hegel comme constituant la fin
de l'histoire. – Les États les plus avancés de la
planète réalisent bien, me semble-t-il, le rapport
hégélien de l'économique et du politique : État par
lui-même fort et socialement libéral – le modèle
d'une économie dynamisée par la libre-initiative
de ses agents, mais attentive à des mesures de
solidarité –, la double préoccupation, démocratique,
de la participation politique des citoyens, et, hiérarchique, du renforcement du pouvoir de décision d'un
chef de l'État. Certes, les corporations hégéliennes
ne pouvaient pas être, à l'époque, ce que sont les
syndicats actuels, mais leur raison d'être anticipait
largement celle de ces derniers. Certes, Hegel
privilégie, pour incarner l'unité souveraine de l'État,

le monarque constitutionnel héréditaire, toutefois
en justifiant sa désignation par la naissance, non
pas de façon naturaliste – ou surnaturaliste! –,
mais par le souci proprement politique d'assurer
la liberté du pouvoir décisionnel à l'égard des
pressions partisanes impliquées dans une élection.
Il ne propose pas, il est vrai, le suffrage universel
quand il s'agit d'attribuer l'exercice du pouvoir
législatif, mais c'est parce qu'il tient à la liberté
véritable des électeurs, non universellement assurée
dans le contexte social et politique de son temps,
et qu'il se méfie du formalisme électoral – lequel
incite d'ailleurs nombre de nos contemporains à
recourir à des compléments participatifs réels. Bref
– je ne saurais ici rendre exhaustif un tel bilan – la
structuration socio-politique présentée par Hegel
comme définitive, alors que sa réalisation était
largement à venir lorsque parurent les *Principes de
la philosophie du droit*, est encore celle qui prévaut,
et même souvent encore comme l'idéal, dans le
monde d'aujourd'hui.

Une telle profession de foi hégélienne se heurte
cependant au démenti que pourrait lui apporter, non
plus une contradiction directe de l'état présent du
monde, mais la contradiction indirecte consistant
en ce que des entreprises structurantes nouvelles du
monde post-hégélien, en s'ajoutant au noyau hérité
de Hegel, relativiseraient celui-ci et nieraient sa
portée, comme elles le revendiquent elles-mêmes.
Ces entreprises nouvelles concernent, par exemple,

au niveau politique, aussi bien la vie intérieure que la vie extérieure des États. Évoquons les rapidement.

À l'intérieur de l'État, on veut compléter, en insistant sur ses limites, le cadre constitutionnel strict où s'articulent les divers pouvoirs politiques, par toutes sortes d'autorités administratives indépendantes, de comités d'experts ou conseils de sages, d'organisations de citoyens, toutes régulations portées par l'interaction sociale, ou, mieux, sociétale, vivifiant une démocratie participative qu'on se plaît à opposer, chez certains de ses thuriféraires, à un totalitarisme de la raison hégélienne. Au-dedans de l'État-nation, on s'emploie donc à sociétaliser le tout politique qu'il constitue. Tandis que, au-dehors de lui, dans la vie internationale, on le nie inversement en voulant substituer à la *société* des nations, où il conserve sa souveraineté, une unité *organisée* de ces nations, qui les absorberait, à la limite, comme dans un État-nation universel. Un même mouvement, plus intense en son extension moins grande, pousse à la construction de l'Europe. Dans les deux cas, on a créé de multiples Commissions et Cours destinées à structurer une « gouvernance » appelant les États-nations à renoncer à leur pleine souveraineté, c'est-à-dire à leur souveraineté tout court.

En vérité, loin de fragiliser le monde hégélianisé – souvent à son insu ! – ce nouveau monde confirme la faiblesse de son fondement théorique par la précarité de sa fondation pratique, illustrée par la crise actuelle, où l'on voit les structures destinées à remplacer, en fait, la structuration théorisée par Hegel, se raccrocher à celle-ci, comme à la condition même de leur propre existence.

Reste une troisième et dernière objection. Elle est constituée par l'irruption, au sein de l'histoire universelle comme histoire de l'interaction générale des hommes entre eux, de problèmes qui concernent leur rapport commun plus radical à la nature, d'une part à la nature dans laquelle ils sont, leur milieu de vie, d'autre part à la nature qui est en eux, leur origine vivante. Il s'agit, d'un côté, du problème, au sens large du terme, écologique, de la conservation du milieu naturel de l'humanité, et, de l'autre côté, du problème bio-éthique de la conservation de l'espèce humaine comme humaine. Ces problèmes mettent en question l'existence humaine telle qu'elle a été jusqu'à présent conditionnée, mais pas déterminée, par la nature, dans une histoire qui, à travers la maîtrise, par les hommes, de leur rapport à cette nature, a pu être essentiellement la construction de leurs rapports entre eux.

Une telle maîtrise et, par conséquent, l'histoire proprement humaine qu'elle conditionne, est désormais devenue problématique, pour une part, peut-être sinon sans doute, en raison de l'agir des hommes, dans leur traitement abusif de la nature en dehors d'eux et leur manipulation risquée de la nature en eux. Mais il est possible – hypothèse plus préoccupante – que la perte de cette maîtrise soit provoquée par un réveil de la nature elle-même, réabsorbant l'histoire des hommes dans sa propre, improprement dite, histoire. Après l'histoire métaphorique, pré-historique, de la nature en proie à ses grandes catastrophes, puis l'histoire proprement dite, inter-humaine, pouvant s'adonner à ses (simples) crises, pourrait survenir une histoire post-historique de la nature. Hegel évoquait les violents soubresauts telluriques, cauchemardesques, du géant endormi, s'apaisant ensuite dans son éveil comme esprit historique stimulé dialectiquement, et s'éteignant enfin après le triomphe de l'esprit, car les Cieux et la Terre passeront.

Cependant, quoi qu'il en soit du sens de ce retour, pensé actuellement par l'homme, de la nature dans l'histoire humaine alors ébranlée par un tel acteur d'elle-même, doté d'une puissance incommensurable, il ne m'apparaît pas comme pouvant récuser la thèse hégélienne de la fin de cette histoire.

Assurément, le caractère massif du facteur naturel intervenant dans les affaires humaines impose une réponse elle-même totale des hommes agissant à travers leur pouvoir le plus fort, qui est celui des États, pour défendre une cause qui les égalise et qui est prioritaire entre toutes et pour tous puisqu'elle concerne leur survie comme espèce humaine. Mais cela n'exige pas de leur part qu'ils réalisent au préalable leur totalisation en un État mondial : l'urgence de la réalisation d'un moyen qui paraît nécessaire à celle d'un but ne la rend pas pour autant possible, et elle retarderait et détournerait l'application de leur énergie au but essentiel au profit de la constitution aléatoire d'un moyen réellement problématique. Il convient que les États renforcent leur collaboration en l'intensifiant à la mesure de l'objectif qui conditionne la subsistance de tout ce qui est humain, et que, à travers le maintien de la structuration socio-politique fixée, pour la première fois, par Hegel, dont la thèse est ainsi confirmée au lieu le plus périlleux pour elle, ils mettent en œuvre cette structure pour remplir une tâche plus élémentaire, visant à conserver le rapport humain de l'homme à la nature.

Une grande pensée comme celle de Hegel permet ainsi de penser ce qui excède son propre temps et qu'elle n'a pu, ni voulu, au demeurant, prophétiser. En l'occurrence, de penser la réinsertion historique possible de l'histoire humaine universelle dans l'histoire plus vaste et si indéterminée de la nature, sans qu'il faille contester l'apport déterminé d'elle-même, sur un point capital de son discours systématique. Le concept hégélien a toujours tenté de penser en même temps lui-même et son Autre. Encore faut-il l'éprouver en lui-même, à sa propre hauteur, et non dans ses retombées épigonales.

HEGEL : À VENIR

Hegel est bien, me semble-t il, le seul penseur passé à propos duquel on s'interroge actuellement sur son actualité. Une telle actualité exceptionnelle de l'interrogation sur l'actualité de la philosophie hégélienne n'est, certes, aucunement la preuve de son actualité, mais elle peut déjà être une manifestation, à interroger elle-même, de celle-ci. Je vais, une nouvelle fois, procéder à cette interrogation[1]. Et je le fais, en distinguant, d'emblée, deux sens de l'actualité prédicable d'une philosophie, une telle ambiguïté étant liée à l'essence même de la philosophie. Si, en effet, et justement suivant la façon dont Hegel lui-même en conçoit le statut, la philosophie est son temps ou son monde saisi par la pensée, on peut entendre par son actualité, soit celle du contenu, mondain, socio-politico-culturel, qu'elle présente comme la réalité vraie,

1. Qu'on me permette de renvoyer à mon étude : « Philosophie hégélienne et actualité », dans *Hegel. Les Actes de l'esprit*, Paris, Vrin, 2001, p. 337-348, reprise du texte : « Philosophie hégélienne de l'actualité et actualité de la philosophie hégélienne », publié dans *Laval théologique et philosophique*, n°51/2/1995, Québec, p. 229-238.

c'est-à-dire, en bon hégélianisme, concrètement rationnelle, soit celle d'elle-même comme pensée justifiant cette présentation par le plein et total déploiement spéculatif de la raison. Cette distinction rend possibles, au sujet de l'actualité de la pensée de Hegel, les deux hypothèses que voici. La première est que cette pensée peut être aujourd'hui d'actualité, indirectement, à savoir pour autant que le monde s'affirmant maintenant est conforme à celui que Hegel avait dit vrai, sans que ce monde, en son moment philosophant, se réfère à son premier penseur, donc dans l'inactualité de la pensée originaire, hégélienne, de lui-même ; notre monde hégélianiserait ainsi sans nécessairement le savoir. Mais une telle inactualité directe présente de la philosophie de Hegel n'exclurait pas forcément une actualité passée ou une actualité à venir d'elle-même. La seconde hypothèse est alors que – l'actualité indirecte de cette philosophie, celle du monde justifié par elle, ne rendant guère concevable que, présente une fois comme philosophie confirmée ainsi en sa théorie du monde réel par l'existence même de celui-ci, elle ait pu se renier elle-même – son actualité directe, comme philosophie, peut être une actualité encore à venir : une telle actualité annulerait enfin le retard étonnant de son accueil par son monde. Ce sont ces deux hypothèses que je fais miennes.

La première, que le monde présent, près de deux siècles après sa détermination originelle par Hegel, est – chose considérable si l'on songe à l'accélération empirique de l'histoire – encore, même dans ce qui est tendanciel en lui, au moins pour l'essentiel, hégélien, et, à travers la prudence exigée quand il s'agit de caractériser tout un monde, peut être vérifiée par ce dernier. Telle sera la thèse rappelée dans le premier moment de mon propos. – La seconde thèse, posant que la philosophie de Hegel, qui n'a pas été accueillie, sinon singulièrement, dans la culture philosophante passée, non pas qu'elle ait été vraiment critiquée, mais simplement évitée et écartée – c'était assurément plus facile ! –, est celle qui peut et doit enfin être écoutée, sera défendue, en ces deux moments, négatifs et positif, de son destin, dans les deuxième et troisième temps des réflexions que je soumets à votre jugement, comme une thèse au moins légitime, voire, pour le moins, plausible.

*

Le choix du contenu mondain de l'esprit pour vérifier le caractère hégélien du réel ne saurait signifier la limitation à l'« esprit objectif » de la vérité de l'apport encyclopédique de Hegel. La vérité novatrice de la Logique, de la Philosophie de la nature, ainsi que de la Philosophie de l'esprit subjectif et de l'esprit absolu, est foisonnante et éclatante, mais le contenu de l'esprit objectif, directement effectuable dans l'histoire, est immédiatement vérifiable par le cours empirique même de celle-ci. Son cours actuel atteste ainsi, à travers la persistance en lui des institutions parvenues, selon Hegel, à leur pleine rationalité d'objectivation concrète de la liberté qu'est, en toutes ses manifestations, l'esprit, que ces institutions sont bien les institutions définitives, comme l'auteur des *Principes de la philosophie du droit* l'avait, non pas prophétisé génialement, mais démontré « scientifiquement ». Et ce, alors même que beaucoup n'étaient pas encore établies en fait, mais seulement présentes en creux, exigées par la raison œuvrant historiquement. C'est, pour une large part, le futur empirique de Hegel qui, par son effectivité rationnelle déjà agissante, est devenu notre présent, et devient même encore notre présent, à tel point qu'est loin de paraître insensée l'affirmation hégélienne d'une fin de l'histoire.

L'existence socio-politique actuelle réalise bien la double exigence de l'individualisation (différenciation) et de l'universalisation (identification) croissantes et, en leur tension, conjointes (identification), qui, chez Hegel, définit la raison, identité de l'identité et de la différence. Le primat, ainsi manifeste, dans leur tout, de l'identité, fait maîtriser par l'État hégélien (l'identité en son autorité) la société civile (la différence en sa spontanéité) qu'il libère le plus possible de lui-même tout en contrôlant ses élans. Or, l'État le plus avancé de notre époque – après l'auto-négation factuelle, ainsi confirmante, de la négation marxiste du hégélianisme – est bien un tel État politiquement fort et socio-économiquement libéral. Egalement confirmée par notre époque est la théorie hégélienne de la société civile, où se développent en leur différence l'individualisme (la revendication des droits de l'homme) et l'universalisme (la mondialisation du marché), mais de telle sorte que la libre initiative est le premier principe, tempéré seulement de façon seconde par l'universalisme lui-même tempéré, car protecteur, de la solidarité. Tout comme est confirmé dans le monde contemporain l'État hégélien, dans lequel, en revanche, comme lieu de l'identité prédominante, le citoyen n'a des droits qu'autant qu'il a des devoirs; devoirs, il est vrai, acceptés par lui dans une communauté nationale limitée, ainsi prochaine, où il se sent chez lui, libre; le cosmopolitisme est socio-économique, non pas politique. En son organisation interne, cet État anticipe aussi la situation politique actuelle en se consacrant dans le pouvoir du prince constitutionnel, appelé de ses vœux par Hegel – réalisé aujourd'hui comme pouvoir présidentiel –, mais en faisant limiter l'agir du nécessaire corps gouvernemental des fonctionnaires par l'auto-administration, notamment communale, des citoyens, ceux-ci participant aussi au pouvoir législatif. Bref, la structuration rationnelle vraie, définitive, indépassable pour Hegel, de l'existence socio-politique est celle, pour l'essentiel, du monde actuel en ce qu'il a de plus développé, un développement durable. Je ne puis ici entrer davantage dans les détails de cette étonnante équation.

Mais une telle équation n'est-elle pas limitée, et, avec elle, la vertu anticipatrice et véritative de la raison spéculative hégélienne, pour autant qu'elle ne vaudrait qu'abstraction faite de ce qui, dans la Philosophie de l'esprit objectif, fonde le droit de la société civile et de l'État, à savoir la société politique des États dans son existence historique ? Il s'agit là du contenu même des deux ultimes niveaux, les plus concrets, par là les plus réels et vrais, de l'esprit objectif : le droit international et l'histoire mondiale. Car deux processus aujourd'hui en cours semblent bien condamner la réduction hégélienne de l'histoire à la constitution des États pris en eux-mêmes comme États nationaux limités, par le « Droit politique interne ». Le premier processus en question est le processus positif, car pacifiant, d'une réunion, pour une part continentale – particulièrement européenne –, et, pour une autre part, mondiale – onusienne –, des États-nations. Le second est le processus négatif, car violent, d'une poursuite anti-étatique de l'histoire que Hegel avait dite finie, mais qui, bien plutôt, signifierait en son rebondissement la fin même du hégélianisme et, avec lui, d'un monde hégélianisant même malgré lui. Or, je ne crois pas qu'il y ait là une mise en question effective du hégélianisme mondain.

C'est un fait que la construction vraie, durable, d'une Europe politique, structurant étatiquement une communauté nationale nouvelle, à la dimension du continent, renverrait au passé aussi bien la philosophie de Hegel que celle de Kant, qui, l'un et l'autre, ont jugé ni souhaitable ni possible un tel aboutissement du droit politique; je présuppose ici connus les textes, sans aucune équivoque, des deux penseurs-phares de l'idéalisme allemand et de la pensée moderne

Qu'une nation européenne – justifiable comme unité forte à la fois, et contradictoirement, par son extension et par son intensité – de nations déjà solidement ancrées dans l'existence se construise un jour étatiquement, c'est là, du moins, ce qui ne pourrait être qu'un processus très long et bien aléatoire. L'unification européenne, telle qu'elle s'est développée, dans l'extériorité administrative, sans pensée finalisée, consensuelle, d'elle-même, ne mènera sans doute pas même à une simple confédération politique de nations restées rivées à elles-mêmes dans leur acceptation d'une union monétaire. Rien, pour l'instant, ne vient donc infirmer la thèse hégélienne sur le caractère réellement indépassable de l'État national existant historiquement limité. Les États-Unis n'étaient pas, avant leur union, de véritables États-nations. Quant aux Nations-Unies, elles sont une organisation instituée de nations pas même toutes alliées, *a fortiori* non unies, et la mondialisation économique n'appelle aucunement une mondialisation politique. On sait d'ailleurs suffisamment que le bras armé effectif des Nations-Unies, c'est la nation des États-Unis, dont l'éventuelle limitation dans ce rôle à l'existence paradoxale consacrerait un monde multipolaire essentiellement multi-national. En un mot, un désaveu actuel, sur le plan international, de la thèse hégélienne de la vérité définitive des États nationaux n'est probablement qu'une apparence qui se révèlera telle : la crise présente ne contribue guère à la sauver. Le destin négatif, manifesté voilà deux décennies, de ce qui, comme monde marxiste, avait semblé infirmer la pensée hégélienne, mais n'aura été qu'une parenthèse de soixante-dix ans, a sans doute une valeur exemplaire quant au sort de certaines réfutations prétendues effectives de la philosophie socio-politico-historique de Hegel.

Que de telles parenthèses retardant la réalisation historique générale de la vérité rationnellement saisie de la vie socio-politique puissent exister, la philosophie hégélienne en rend d'ailleurs compte comme elle le fait de l'existence de tout négatif, dont la reconnaissance comme négatif ne peut cependant laisser penser que la raison ne l'emporte pas *in fine*. Mieux encore : Hegel fournit de quoi penser un monde et un temps d'après ce qu'il appelle la fin de l'histoire. Je rappelle que celle-ci est pour lui la fin de l'histoire universelle, elle-même entendue comme histoire de l'universel et, plus précisément, comme histoire de la venue pratique à la conscience du sens universel vrai de l'existence objective de l'esprit. La fin de l'histoire signifie donc que des déterminations socio-politiques à la fois fondamentales et nouvelles ne surgiront plus pour faire s'organiser une telle existence autrement que la raison l'a dit à travers Hegel. Mais l'histoire de la réalisation empirique ici ou là, en tel ou tel temps, de la structure vraie désormais découverte de la vie socio-politique, continue, et elle peut être plus luxuriante que jamais, sans pouvoir néanmoins remettre en cause la vérité atteinte, et dont l'atteinte libère l'esprit pour ses tâches absolues. Ce qui ne veut pas dire que l'humanité n'ait pas toujours à assumer la gestion du milieu objectif vrai de la vie de l'esprit, et ce dans une activité politique accrue par l'apparition de problèmes et dangers nouveaux, non originairement politiques, dans l'époque ouverte par la fin de l'histoire universelle.

Songeons ainsi, en particulier, au surgissement, dans la négativité ou le non-sens historique de cette époque, à titre de phénomène quasi-structurel, du terrorisme, qui substitue aux *événements* proprement dits, concentrant en eux des processus sensés exprimant des causes essentielles, les *coups* explosifs d'une violence fanatique. Ils interviennent significativement en même temps que cet autre non-sens historique – ou histoire de ce qui n'est pas le sens plénier de l'esprit – que sont les à-coups d'une nature qui se réveille et dont les catastrophes revenues peuvent mettre fin à la parenthèse pacifiante sensée, même à travers ses crises, de la vie humaine proprement historique;

cela, au-delà même des craintes écologiques,
justifiant une précaution politiquement organisée,
mais très optimistes en ce qu'elles attribuent à la
responsabilité des hommes ce qui peut provenir
de la négativité naturelle incommensurable. La
gestion, à travers les rapports des groupes humains
entre eux, du rapport primordial – se rappelant tel
aujourd'hui – de l'humanité à la nature, vient alors
s'ajouter, car elle ne peut incomber qu'aux pouvoirs
étatiques, à leur gestion ordinaire de la réalisation
de la vérité politique. Or les principes hégéliens me
paraissent permettre de la comprendre, comme de
comprendre, de façon générale, ce qui excède le
contenu de la philosophie de l'histoire de Hegel.
Une philosophie, nouvelle, de l'histoire, empirique,
d'après la fin de l'histoire universelle proprement
dite, philosophie de l'intégration de l'histoire
empirique dans le rapport redevenu problématique
à la nature, est donc à élaborer théoriquement et à
mettre en pratique à nouveaux frais. Mais au sein
d'un monde auquel Hegel, bien loin d'être réfuté
par lui, permet, par sa philosophie de l'esprit, qui
est aussi celle du rapport de l'esprit à la nature, de se
comprendre et de se gérer, dans les temps incertains
que nous vivons, mieux que tout autre penseur ne
peut le faire.

*

On ne s'étonnera jamais assez de ce que, dans cette période d'inventivité philosophique exceptionnelle que fut celle de l'idéalisme allemand, des œuvres quasi contemporaines comme les derniers textes de Kant, relatifs au droit et à l'État (*Paix perpétuelle*, *Doctrine du droit*), et les premiers textes de Hegel portant sur le même domaine (*Constitution de l'Allemagne*), proposent des versions si différentes de la rationalité politique et dont le destin lui-même, quant à leur traduction et vérification mondaine, sera si inégal. Cela, au profit du hégélianisme, ce qui ne signifie pas que l'inactualité de Kant – en dépit de retours tentés à lui –, parce qu'elle est celle, notamment, du sens perdu de la norme et de la loi, n'ait pas, puisque cette perte est si grave pour nos sociétés, une actualité elle-même normative. L'adéquation aux textes hégéliens, non seulement du temps de Hegel, mais encore du temps d'après Hegel, de notre temps lui-même – il est vrai que ces deux temps devaient bien s'identifier dans un temps pensé comme celui de la fin du temps (de l'histoire universelle) – ne peut alors que plaider pour la vertu spéculative d'une raison se fondant sur l'identification dialectique de l'éternité et de l'histoire, élévation au concept de la représentation chrétienne de l'Incarnation de Dieu au centre de l'histoire humaine. Mais l'acte pensant hégélien ne s'incarna pas lui-même dans une communauté

philosophique animant une culture qui se serait
réfléchie idéalement en elle à la hauteur exigée par
sa réalité même. Son monde ne vint pas à Hegel,
et c'est pourquoi, si une présence de Hegel est
possible dans notre monde, qui est toujours le sien,
ce ne peut être sur le mode d'un retour à lui, mais
d'une venue à lui, à un Hegel encore à venir.

Il y eut assurément, au XIXe siècle, puis au XXe
siècle, et de nos jours encore, de nombreux et
passionnés hégélianisants : la vitalité des Sociétés
hégéliennes en est l'illustration constante, et les
recherches en hégélianité se sont diffusées et inten-
sifiées, en particulier depuis le dernier tiers du siècle
précédent. Il y eut aussi des hégéliens, voire des
hégéliens critiques (je pense, par exemple, à Karl
Barth et à Eric Weil), et même déplaçant, parfois
génialement, Hegel (songeons, entre autres, à
Kojève). Mais Hegel ne se prolongea pas dans un
hégélianisme devenu, à défaut d'une communauté,
d'une philosophie commune, un grand courant
philosophique. La philosophie spéculative ne fit pas
vraiment école, à travers des penseurs marquants ;
et il n'y eut pas non plus, malgré les tentatives d'un
Bradley ou d'un Bosanquet, de néo-hégélianisme
influent. Il ne saurait être question, pour moi, ici,
de dresser un tableau des diverses formes du non-
hégélianisme, souvent aiguisé en anti-hégélianisme,
des deux derniers siècles. On opposa à la philosophie
totalisante de l'Idée, concept réalisé ou identité
subjective du sujet et de l'objet, des philosophies

niant la totalité hégélienne suivant diverses uni-
latéralités, au nom du sens (Schleiermacher),
de l'origine vitale du sens (Schopenhauer), du
sensible (Feuerbach), du procès historique de
la matière (Marx), de l'existence subjective
(Kierkegaard). Dilthey puis Gadamer continueront
Schleiermacher, Nietzsche inversera Schopenhauer,
marxisme et existentialisme se développeront. Si
la phénoménologie husserlienne va ignorer Hegel,
Heidegger en combattra la grandeur reconnue,
tandis que le structuralisme et l'analytique du
langage le dédaigneront. Ce qui m'importe, c'est
de fixer le dénominateur commun de toutes les
modalités de l'abandon pluri-tonal du legs hégélien,
un dénominateur commun d'ailleurs tel qu'il a
empêché le rejet de chacune de ces modalités de
signifier une adhésion à la spéculation inaugurée
par Hegel ; le constat d'une telle répugnance, ainsi
généralisée, à hégélianiser pouvant laisser naître
l'idée que celle-ci traduirait une impuissance ou,
du moins, une réelle difficulté, à pratiquer l'acte
spéculatif.

La différence des professions de foi non ou anti-
hégéliennes modernes et contemporaines diversifie
bien, me semble-t-il, au niveau de leur contenu, une
relativisation formelle commune plus profonde du
discours se voulant absolu en tant que pensée de
soi de l'être même, donc une même négation d'une
telle pensée, c'est-à-dire de ce que Hegel a célébré
comme le concept. Le long et polymorphe abandon

de la pensée conceptuelle définie et mise en œuvre par Hegel est, de fait, la disqualification de celle-ci comme autre qu'elle-même. Comme ne disant pas l'être réel ou vrai : le véritable être (Feuerbach), ni le véritable sujet (Kierkegaard), ni le véritable objet (Marx), mais se réduisant à une simple idéologie, si bien qu'il convenait de donner à ses concepts un tout autre contenu, le vrai sens de leur sens étant, à retrouver à travers la significative ambiguïté du terme, le sensible senti, vécu ou expérimenté. Et la disqualification du concept se radicalise lorsqu'il est critiqué comme ne disant même pas ce qu'il dit, en tant que, au lieu d'être le sens de l'être, l'être présent en son sens, donc plus que simple sens, il serait dans un renvoi aliénant à lui-même dans lui-même, le sens d'un autre sens, un processus symbolisant. Une telle réflexion du sens autonomisé en lui-même dans son décollement d'avec l'être, confère un tout autre statut à la pensée que celui auquel Hegel l'avait élevée. La désontologisation symbolisante du concept a fondé la mise à l'écart multiforme de la démarche spéculative de Hegel : la philosophie du sens ainsi comprise a justifié, en disqualifiant sa forme conceptuelle, le contenu imposant du monument hégélien, dont on a pu s'épargner alors la rude méditation.

L'attaque fut contemporaine de Hegel, puisqu'elle fut menée d'abord par Schopenhauer et Schleiermacher. Pour le premier, le sens comme représentation est le phénomène de la volonté d'abord vitale, qu'il ne vise pas mais dont il procède en la recouvrant et déformant ; Nietzsche approfondira le thème à travers son extraordinaire complexification et transmutation. Mais c'est Schleiermacher qui inaugure sa justification anthropologique et épistémologique par sa théorie, comme démarche philosophique reine, de l'herméneutique. Car l'idée que l'esprit ne saisit pas à chaque fois totalement le sens de l'être qu'il s'oppose formellement, dans leur identité conceptuelle, comme contenu, l'amène à considérer qu'il ne peut qu'interpréter ce sens en supposant en celui-ci un autre sens. Les signes sont saisis de la sorte comme des symboles enveloppant en eux le sens sans le hisser exhaustivement à une pensée maîtresse d'elle-même car transparente à elle-même dans chaque moment du parcours attentif de ceux-là, et comme constituant dès lors un système langagier qu'elle présuppose plutôt qu'elle ne le pose. Le sens des mots naît ainsi de leur réflexion les uns dans les autres, soit synchroniquement à travers des mots différents, soit diachroniquement – dans la compréhension par un discours présent d'un discours passé – à travers la répétition des mêmes mots, faisant de cette compréhension de l'histoire une compréhension elle-même foncièrement historique. L'herméneutique de l'existence parlante, notamment philosophante, assume encore de nos jours résolument une telle historicité ou historialité interdisant toute clôture de la pensée ainsi originairement ouverte en son statut de reconstruction linguistique du sens. Ouverture qui doit bien être enrichissante, car on peut, semble-t-il, attendre plus d'inventivité de la part d'une langue qui pense que de la part d'une pensée qui parle ! En tout cas cette ouverture originaire sera aussi sans fin, préservée de la sclérose de la métaphysique entrée, grâce au développement de la pensée herméneutique, dans sa fin.

Le triomphe actuel de l'herméneutisme philosophant, porté, après Schleiermacher, par Dilthey, Heidegger, Gadamer, est attesté par l'engagement en sa faveur du penseur le plus synthétisant et donc représentatif de notre époque, si sensible aux grands frémissements de celle-ci, qu'a été Paul Ricœur. Il reconnaît lui aussi, plus encore que les pionniers à l'instant cités de la philosophie entendue comme étant en son cœur une philosophie du langage, la grandeur de Hegel, mais il accueille comme un simple moment du vrai travail de la pensée, à titre d'idéal irréalisable, l'affirmation de la réunion du sens et de l'être que Hegel appelait le concept. Car le croisement des interprétations, restauratrice ou libératrice-démystifiante, du sens qui se distribue dans les relations des expressions linguistiques à double sens que sont les symboles, ne peut aboutir à une intégration conceptuelle de ce sens ; le savoir absolu est inaccessible à la finitude humaine : Ricœur reste bien fidèle à son engagement initial kantien-nabertien. Si je l'évoque ici, c'est parce que ce héraut de la pensée de notre temps – en

son souci authentique et original de justification du
lien essentiel de la philosophie et de l'herméneutique
du sens, autorisant le refus de vouer la première à
une dialectique du concept – s'efforce, au début
de son ouvrage *De l'interprétation*, d'établir que
la philosophie exige le recours à l'interprétation.
Voici le fil de cette justification : 1) la philosophie
est réflexion, réflexion sur soi, réflexion sur le Soi ;
2) cette réflexion sur le Soi réfléchissant, forme
vide de contenu, n'est pas une intuition : 3) elle ne
peut avoir un contenu qu'indirectement, pour autant
que le Soi se distend ou différencie et détermine en
agissant, et, 4) puisque la détermination c'est les
déterminations, dans des actes renvoyant les uns
aux autres et dont le sens, extérieur à chacun, n'est
pas donné en lui, mais à trouver, à interpréter. Qui ne
voit que chacun des passages est ici une contingence,
d'ailleurs maximale au début, ce qui fragilise toute
la justification, pourtant restituée dans mon propos,
je crois, avec faveur ? On comprend que, dans un
remplacement aussi précaire, l'abandon de Hegel
par Ricœur soit, comme celui-ci l'avoue lui-même,
une blessure dont on ne guérit pas ! Abandonnée
par la philosophie du sens sans avoir été critiquée
véritablement par elle, dont l'oubli de l'être n'a
pas été surmonté sinon formellement lorsqu'elle a
tenté de se détourner de cet oubli, la philosophie du
concept, identité établie du sens et de l'être, peut
bien revenir, ou plutôt venir, combler le besoin déçu
de philosopher dans l'être.

*

On a souvent dénoncé un dogmatisme de Hegel osant s'approprier le savoir absolu qu'il fondait sur une ontologie consacrée théologiquement, en niant le caractère à jamais fini de la pensée humaine visant l'être, jamais atteint, à travers son intériorisation indéfinie de l'organisation progressive d'un langage présupposé. Mais le dogmatique n'est pas celui que l'on croit. Hegel appliquait lui-même la règle, qu'il imposait à l'historien de la philosophie, de s'en tenir aux propres paroles des penseurs étudiés, estimant – comme, après lui, le fera, entre autres, Gueroult – que l'auteur d'une philosophie est celui qui en connaît le mieux le sens total, et il considérait par ailleurs que la philosophie pérenne, en sa vérité, parle en toute grande pensée, quel que soit son temps ; d'où son constant respect pour les philosophes contre lesquels il argumentait strictement. On ne lui rendit pas la pareille dans la philosophie postérieure. Celle-ci, s'ancrant, comme en sa source, dans la conscience, la langue – surtout écrite –, la chair, y immerge une pensée intentionnant sans l'atteindre un être dont on lui demande même de faire l'époché. S'appuyant sur le principe herméneutique suivant lequel on peut comprendre mieux que lui-même un auteur, par une reconstruction savante du contenu de sa conscience pensante non présente immédiatement à elle-même dans son discours, on préfère trouver Hegel dans sa phénoménologie

plutôt que dans son ontologie encyclopédique, sans
voir que la première est une phénoménologie déjà
ontologique qui ne reçoit tout son sens que dans sa
fondation en la logique spéculative. Et, parce qu'on
ne peut malgré tout sauver Hegel de lui-même, on se
détourne de lui sans argumenter sérieusement contre
lui à son propre niveau, au nom de la philosophie,
dogmatiquement posée comme vraie, de la source
langagière de la pensée, l'interprétation refoulant la
conception. Mais le formalisme d'une philosophie
qui se détourne de l'être comme être la condamne à
être hantée par l'idée de celui-ci. Et cette idée, d'un
aveu assez commun, s'incarne bien à notre époque,
de façon privilégiée, dans la figure de Hegel.

A dire vrai, l'idée de l'être, noème de toute
position conscientielle, présente aussi en toute
autre idée, ne peut pas ne pas intervenir dans une
philosophie. Et parce que c'est à elle que toute idée
se réfère pour se déterminer et se juger, sa présupposition nécessaire requiert de la philosophie,
comme pensée rectrice et maîtresse de soi, qu'elle
la pose et, par là, d'une façon ou d'une autre, la
détermine. Kant et Fichte eux-mêmes illustrent la
satisfaction d'un tel réquisit. Et les deux penseurs
les plus créatifs du XXᵉ siècle se sont affirmés,
d'emblée ou par un retournement, comme des philosophes de l'être. Bergson, observant que, quel que
soit l'être, nous en sommes, élabore, en rabaissant
significativement le langage (critique de l'*homo
loquax*), une ontologie de la vie, et Heidegger

se tourne aussi vers l'être, situant l'être-là en la béance de celui-ci. Mais l'ontologie du second est une ontologie exigée plutôt que réalisée, tandis que le premier pense la vie comme être plus que l'être lui-même, et ce dans une pensée qui, se ressourçant dans l'intuition, confie l'expression de celle-ci à un discours tenté par la métaphore. La seule ontologie avérée se pensant sans reste dans un discours maîtrisé conceptuellement est bien la logique spéculative hégélienne. Ricœur opposait l'une à l'autre la logique herméneutique, dont les symboles excèdent le sens pensé en eux, ainsi non adéquat à l'être, et la logique « symbolique » des algorithmes vides de sens, mais il y a aussi une logique spéculative, réalisant dans le concept l'identité du sens et de l'être. Bien loin d'être impossible, comme l'a décrété la pensée herméneutique qui a largement cours aujourd'hui, cette logique spéculative a existé en fait chez Hegel. Le rappeler, c'est rouvrir à l'être une philosophie à libérer de son trop répandu enfermement dans l'idéologie langagière.

Hegel dit et pratique l'identification conceptuelle de l'être et du penser, qui transcende tout parler. Ainsi, la *Phénoménologie de l'esprit* s'inaugure avec la pensée qui, pour le philosophe de l'incarnation de l'esprit – et non pas de la chair, voire de son verbe, se faisant esprit –, universalise et par là rend vrai l'être d'abord déterminé et déterminant sensiblement, alors son Autre, à travers cet instrument inévitable d'elle-même qu'est le langage.

Elle est nécessairement amenée, sous peine de se contredire et d'être alors précipitée au non-être, à se penser finalement, au-delà de la différence conscientielle-mondaine sujet-objet, comme identique à l'être dans leur commune universalité s'auto-déterminant en sa parfaite transparence à soi. La philosophie s'étant ainsi accomplie spéculativement reconstruit comme sien un langage qui, investi désormais de l'autorité de l'être, en expose scientifiquement les déterminations idéales-logiques et réelles-mondaines totalisées dans l'Encyclopédie rationnelle. Le monde, la conscience, le langage lui-même et son interprétation, bref tout le phénomène, est repris, mais en sa vérité déterminée, c'est-à-dire limitée, dans l'auto-création maîtrisée, déjà dans son langage non plus symbolique, mais conceptuel, de l'ontologie spéculative. La pratique tentée de celle-ci par le lecteur le plus entraîné et le plus patient de Hegel montre assez son excès sur son conditionnement mondain, conscientiel, linguistique. Sa compréhension dépasse la répétition des parcours les plus entrecroisés, inversés, circulaires, d'abord de son cœur, la *Science de la logique*, mais aussi de la *Philosophie de la nature* et de la *Philosophie de l'esprit*, dont le sens, concrétisation du logique, ne procède pas de la simple réflexion sur sa réalisation empirique ou existante. Connaissances historiques et commentaires philosophiques ne servent guère à l'intelligence jamais vraiment acquise de son discours même devenu familier, tant l'intégration de toutes les pensées dans la pensée de soi de l'être se différenciant ou se déterminant en elles est difficile à opérer et à conserver. Bien réelle, n'en déplaise à l'herméneutisme envahissant de l'époque, est, en sa résistance à ce qu'exalte celle-ci, l'ontologie conceptuelle qui manifeste de la sorte l'irréductibilité au langage d'une pensée assumant l'impossibilité, pour elle, de ne pas dire, d'une façon ou d'une autre, l'être.

La difficulté d'une telle assomption vient de ce que qu'elle paraît contraire à celle d'une autre impossibilité, l'impossibilité pour l'homme, en sa finitude, de ne pas dire l'être-là ou l'existence. Mais contrariété n'est pas contradiction. Le contenu intemporel, supra-historique, extra-mondain, bref, pour reprendre le vocabulaire antique et médiéval : intelligible, de l'ontologie est saisi par un esprit qui se fait lui-même pur intellect, ainsi non historique et non mondain, mais éternel, en tant que métaphysicien ou spéculatif. Avant Hegel, Aristote et Thomas d'Aquin, entre autres, ont assumé un tel régime de l'esprit philosophant. Mais qui ne le fait pas peu ou prou, dès qu'il philosophe, même pour dire que le vrai est le discours se voulant pleinement immergé dans l'histoire, le monde et le symbole? C'est bien encore en des concepts, et non en des symboles, que l'on disqualifie philosophiquement le concept. Ainsi, l'engagement existentiel du penseur ne peut faire l'économie d'une fondation ontologique plus ou moins consciente de sa part.

Or, c'est l'ontologie hégélienne de l'esprit incarné, maîtrisant rationnellement la gestion humaine réconciliante de l'éternité et du temps, qui est la plus adaptée à notre monde, dont j'ai rappelé qu'il était encore pour une large part celui qu'avait fondé le concept hégélien. Nous réinsérant, au demeurant, dans le règne éternel, toujours présent, des grandes pensées de l'être, elle peut nous aider à nous libérer des vicissitudes enfermantes des dogmatismes effectifs de l'époque. Et même nous inciter à faire œuvre ontologique, non pas contre Hegel, mais autrement que lui. Du moins, à essayer !

CONCLUSION

Tous les sens singuliers sont la différenciation du sens universel ou total de l'être, mais cet être qui les avère est originellement le sensible singulier présent *hic et nunc* : toute philosophie de l'être n'a donc de vérité qu'autant qu'elle dit, ou peut dire, adéquatement ce présent.

Une telle adéquation n'est aucunement garantie par la simple présence d'une opinion, même intensifiée par la puissance émotionnelle du spectacle médiatique qui la communique et la diffusion généralisée immédiate de cette communication. Le journalisme devenu permanent et universel, non rédigé – c'est-à-dire non proprement élaboré en établissement critique du fait et, moins encore, en proposition de son sens – à un moment crucial, condensant, du jour (celui que Hegel regardait comme une laïcisation de la prière matinale), exaspère la communication en un tout-communicationnel auto-destructeur. La raison devenue ultra-communicationnelle s'anéantit elle-même en niant la tension nécessaire de son exercice. Son ultime expression philosophique rigoureuse, chez Hegel, est donc d'une intempestivité absolue dans le règne culturel omniprésent de l'opinion.

Raison de plus pour rappeler que cette philosophie est la seule à permettre de fortifier en son sens salvateur la structuration objective encore subsistante du contexte socio-politique des jeux, pour le moins inutiles, de l'interaction sociétale contemporaine.

TABLE DES MATIÈRES

Achevé d'imprimer par Corlet Numérique - 14110 Condé-sur-Noireau
N° d'Imprimeur : 136034 - Dépôt légal : février 2017 - *Imprimé en France*